Manfred Twrznik

Aufbruch zum Mann

Manfred Twrznik

Aufbruch zum Mann

Stark, lustvoll und weise –

in Beruf, Alltag und Beziehung

Claudius

Die Deutsche Bibliothek - CIP-Einheitsaufnahme
Ein Titeldatensatz für diese Publikation ist bei
Der Deutschen Bibliothek erhältlich

© Claudius Verlag München 2002
Birkerstraße 22, 80636 München
www.claudius.de
Alle Rechte, auch die des auszugsweisen Nachdrucks,
der photomechanischen und elektronischen
Wiederhabe und der Übersetzung, vorbehalten.
Umschlaggestaltung: Werner Richter
Druck: Ebner & Spiegel, Ulm

ISBN 3-532-62287-4

EINLEITUNG

ARCHETYPEN — DIE ENERGIEN DES MANNES

VERTIEFUNG DES ZUGANGS

DIE ENERGIEN IM ALLTAG

DAS ZIEL DER REISE

Ich widme dieses Buch

> *Papa und Onkel Edi –*
> *den Vätern in meinem Leben,*

> *Franco, Istvan, Karli, Mago und Zenz –*
> *den treuen Begleitern auf meiner Reise,*

> *den Teilnehmern meiner Seminare –*
> *die ich ein Stück ihres Heldenwegs be-*
> *gleiten durfte,*

> *Gabi,*
> *die mir, seit wir uns kennen,*
> *stets zur Seite gestanden ist,*

> *und meiner geliebten Wolfsfrau –*
> *ohne die dieses Buch nicht das wäre,*
> *was es ist.*

Einleitung

Wir brauchen Männer,

richtige Männer!

Männer mit Geist

und Sex-Appeal.

Keine Chaoten,

keine Machos,

keine Penner –

wir brauchen Männer

mit Profil

und viel Gefühl!

(Stefanie Werger, Lied „Männer")

1. Ein paar Worte zu Beginn

Dieses Buch ist ein Buch für Männer, entstanden aus der Erfahrung von über 1000 Stunden in der Leitung von Männerseminaren. Es ist kein wissenschaftliches Buch, sondern ein Buch aus der Praxis. Geschrieben von einem Mann, der selbst und mit den Teilnehmern seiner Seminare ein psychologisches Konzept in der Praxis anwendet und diese Erfahrung anderen Männern zur Verfügung stellen möchte.

Warum überhaupt ein Buch für Männer? Weil ich glaube, dass es hoch an der Zeit ist, dass wir Männer innehalten und nachzudenken beginnen über das, was uns Kraft und Energie raubt, wo wir gegen Windmühlen kämpfen oder uns selbst verwunden. Wir Männer sind das sogenannte „starke Geschlecht" und die Gewinner des patriarchalischen Systems. Doch der Preis dafür ist extrem hoch und die Zeichen und Zahlen sprechen eine andere Sprache:

Wir Männer arbeiten länger und sterben früher, sind dreimal so stark selbstmord- und suchtgefährdet wie Frauen, sind doppelt so oft chronisch krank, neigen viel mehr zu Depressionen, sind das Ziel von 70% aller Mordversuche, aber auch die Verursacher von 95% aller Gewaltdelikte – um nur ein paar der widersprüchlichen Daten zu nennen.

Das alles kann nicht der Sinn der Sache sein und es muss doch einen Weg geben, aus dieser Sackgasse raus zu kommen. Die Frauen haben ihren Weg schon vor Jahrzehnten zu suchen begonnen und mittlerweile sind viele von ihnen aufgebrochen zu einem neuen Frau-Sein. Nun sind wir Männer an der Reihe uns aufzumachen, unseren Weg zu suchen und ihn auch zu gehen. Denn Stehenbleiben ist immer ein Rückschritt, weil die Welt sich weiterbewegt.

In diesem Buch biete ich Dir, lieber Leser, mit den Archetypen Hilfen und Begleiter an für Deinen eigenen, persönlichen, einzigartigen Weg: Den König, der Dir Sicherheit und Ruhe gibt, den Krieger, der Dir Kraft und Zielstrebigkeit verleiht, den Magier, der Dir Wissen und Weisheit verschafft und den Liebhaber, der Dir den Blick für alles Schöne erschließt.

Gemeinsam mit diesen treuen Gefährten wirst Du Dich auf Deine Heldenreise machen, um zu dem zu werden, was das Ziel dieser Reise ist und eigentlich schon in Dir steckt: ein Wilder Mann — ungezähmt und leidenschaftlich, kraftvoll und lebenslustig, behutsam und liebevoll. Und Du wirst Deine inneren Schätze entdecken, sie ausgraben und bergen und mit ihnen Dein Leben bereichern.

Natürlich gibt es die vier Archetypen für Frauen genauso, und sie sind den männlichen recht ähnlich. Doch ich setze in diesem Buch den männlichen Blickwinkel an, betrachte den männlichen Heldenweg und spreche aus der Erfahrung meiner Männerseminare. Ich tue dies, weil ich meine, dass es uns Männern genauso gut tut wie den Frauen, uns mit unserem innersten Verständnis unseres eigenen Geschlechts zu beschäftigen. Und dabei ist es sehr hilfreich, unter uns zu bleiben.

In der derzeitigen Männerarbeit gibt es zwei Strömungen, die anti-sexistische und die archetypische, manchmal auch leicht abwertend mytho-poetisch genannt. Die anti-sexistische Strömung setzt vor allem auf das Aufzeigen und Verändern von kulturell und erziehungsmäßig bedingten Einengungen, Sprachregelungen und Klischees. Damit will sie ein Umdenken und Umorientieren hin zu einer Gleichberechtigung und Gleichwertigkeit von Mann und Frau erreichen. Die archetypische Strömung wiederum will die Männer stärken und ihnen Kraft geben, indem sie Ihnen mit Hilfe der Archetypen einen Zugang zu der in ihnen steckenden echten, authentischen Männlichkeit zeigt. Dahinter steckt die Erfahrung, dass dieser Zugang Männer zu kraftvollen Partnern macht, die sich nicht über die Frauen zu stellen brauchen, sondern es aushalten, ja sogar wollen, dass die Frauen ebenso stark und gleichberechtigt sind.

Vor einigen Monaten war ich auf einer Veranstaltung, wo es um geschlechtersensible Erziehung gegangen ist. Dort hat ein bekannter Vertreter der anti-sexistischen Strömung keine Gelegenheit ausgelassen, um auf den „Mytho-Poeten" herumzuhacken und über sie herzuziehen. Ich habe ihn dann gefragt, warum er das denn tut. Er hat mir geantwortet, dass der bekannteste Vertreter der archetypischen Strömung in Österreich bei jeder öffentlichen Veranstaltung furchtbar über die Anti-Sexisten schimpft, sie verunglimpft und auf sie losgeht – da müsse er sich doch wehren!

Ich war ziemlich enttäuscht. Zwei prominente Vertreter der Männerbewegung, die jeder intensiv daran arbeiten, dass wir ein neues, zeitgemäßes, adäquates Bild von Männlichkeit finden, und verhalten sich dabei genauso wie die sogenannten „alten" Männer. Ich möchte, als Vertreter der archetypischen Strömung, hier ein paar klärende Worte zu diesem Zugang sagen, die vielleicht Missverständnisse und Ängste ausräumen helfen:

Wir wollen nicht Machos werden und wir wollen nicht das Patriarchat erneut aufleben lassen. Unser Ziel ist ein Aufbruch zu einem reifen, gereiften, gleichberechtigten aber nicht gleichförmigen Miteinander. Das Problem, das wir in unseren Beziehungen bis heute haben, ist der Versuch, ein Geschlecht über das andere zu stellen. Immer wird entweder die Männlichkeit oder die Weiblichkeit als besser und dem anderen überlegen angesehen, was zu einem endlosen Kampf geführt hat. Doch ein Gleichmachen von Mann und Frau, ein Über-einen-Kamm-Scheren ist auch nicht die Lösung. Männer und Frauen sind gleichwertig, aber nicht gleich. Zum Glück, denn gerade die Dualität, die Spannung zwischen diesen beiden Polen, macht den Reiz der Beziehungen aus.

Welche Frau möchte schon einen Partner ohne Profil, ohne Kanten, der womöglich alles so macht, fühlt und empfindet wie sie? Der androgyn oder gar weiblich ist, auf jeden Fall kein authentischer Mann? Ich denke, keine! Ein Teilnehmer auf einem meiner Seminare hat seine Suche nach seiner Männlichkeit damit begründet, dass er keine Partnerin findet, weil er für viele Frauen „die beste Freundin" ist. Mich wundert es nicht, dass er Schwierigkeiten hat, eine Partnerin zu finden, denn das ist es nicht, was Frauen von ihrem Traummann wollen.

Soweit ich nach vielen Gesprächen mit Frauen erkannt habe, sehnen sie sich nach einem „wilden" Mann. Einem Mann, der authentisch und stark ist, zivilisiert aber unangepasst, zärtlich aber ungezähmt. Frauen wollen einen Mann, der sie fördert und fordert, einen Mann, dem es wichtig ist, dass seine Partnerin sich weiterentwickelt und eine starke, reife, „wilde" Frau ist. Frauen wünschen sich einen Mann, der so sehr Mann ist, dass es seiner Männlichkeit keinerlei Abbruch tut, wenn er sogenannte weibliche Tätigkeiten wie Putzen oder Babys wickeln übernimmt — und dies auch ganz selbstverständlich tut.

Um diese Sehnsucht der Frauen – die doch im Innersten auch unsere eigene ist – stillen zu können, brauchen wir Männer heute und in Zukunft beides: Wir brauchen den anti-sexistischen Ansatz, den mehr über den Kopf gehenden Zugang zu einem neuen Mann-Sein. Er stellt den alten Vorurteilen, Rollen, Klischees und Verhaltensmustern neue, bessere entgegen. Und wir brauchen den archetypischen, mehr über den Bauch gehenden Ansatz, der uns den Zugang zu uralten Weisheiten, Stärken und Energien gibt, die uns ein kraftvolles, reifes, geläutertes Mann-Sein ermöglichen. Das Aufeinander-Herumhacken, das ich zwischen Vertretern der beiden Richtungen erlebe, ist lächerlich, extrem kontraproduktiv und eigentlich typisch für eine Art Mann-Sein, wie wir sie ja gerade überwinden wollen. Beide Seiten sind wichtig und ich bin froh, dass es beide Strömungen gibt, wobei mein Haupt-Zugang eben der archetypische ist.

Ich habe vorher nur von der Liebesbeziehung zwischen Mann und Frau geschrieben, obwohl mir natürlich bewusst ist, dass es auch eine große Anzahl von Männern gibt, die in einer gleichgeschlechtlichen Beziehung leben. Doch ich bleibe in diesem Buch bei meiner Erfahrung und werde daher auch in den folgenden Kapiteln aus meiner Sicht als heterosexueller Mann über Liebesbeziehungen schreiben. Ich vertraue darauf, dass es für einen homosexuellen Leser keine Schwierigkeit ist, die Essenz meiner Aussagen über Beziehungen zwischen Mann und Frau auf seine Beziehung zu einem Mann anzuwenden.

Zur Männerarbeit gekommen bin ich durch einen Freund, der mir vor nunmehr elf Jahren das Buch „Der wilde Mann" von Richard Rohr geschenkt hat (siehe Literaturverzeichnis). Richard Rohr, ein Franziskanerpater und mittlerweile weltweit bekannter Vorreiter der Männerbewegung hat in diesem Buch das Bild einer kraftvollen neuen Männlichkeit gezeichnet, das mich sofort fasziniert hat. Zwei Jahre später habe ich die Gelegenheit ergriffen, in Deutschland an einer Männerwoche teilzunehmen, die Richard Rohr geleitet hat. Dort bin ich zum ersten Mal in Kontakt mit den Archetypen gekommen, die Rohr nach dem großartigen Buch „König, Krieger, Magier und Liebhaber" der Psychologen Robert Moore und Douglas Gillette erläutert hat. Ich habe dort mit mehr als zweihundert anderen Männern Zugänge zu meinen inneren Energien gesucht und erlebt, wie wertvoll und hilfreich das für mich und die anderen Teilnehmer war.

Wieder daheim wusste ich, dass ich an diesem Thema dran bleiben will, ja, dass ich in Zukunft – ich hatte zu

18

diesem Zeitpunkt schon einige Jahre an der Veranstaltung von glaubensvertiefenden Kursen mitgewirkt – Seminare für Männer halten möchte. Ein Jahr später hat das erste Seminar begonnen und heute, nach nunmehr acht Jahren und über 1000 Stunden Erfahrung mit Männerseminaren, kann ich nur sagen, dass diese Entscheidung die absolut richtige war, und dass es jede Mühe und jede Minute investierte Zeit wert war und auch weiterhin wert sein wird.

Mit diesem Buch lege ich die Quintessenz dessen, was ich und meine Teilnehmer erfahren, gelernt, gespürt und durchlebt haben, in Deine Hände, lieber Leser. Wenn Du Dich darauf einlässt und es mit einem offenen Herzen liest, dann wird es Dein Leben verändern, bereichern und bestärken.

Wien, im Sommer 2002   Manfred Twrznik

2. Was sind Archetypen?

Bevor wir uns auf die Reise begeben und uns näher mit den einzelnen Archetypen auseinandersetzen, möchte ich ein paar grundsätzliche Worte über diese Energien sagen, woher sie kommen und wie wir damit umgehen können:

Entdeckt und benannt wurden die Archetypen von Carl Gustav Jung (1875-1961). Der große Schweizer Psychologe wurde durch seine therapeutische Arbeit mit den Träumen seiner Patienten und durch intensives Studium von Mythen, Märchen, Religionen und Kunst immer wieder mit ihnen konfrontiert. Er entdeckte, dass in allen „Geschichten" der Menschen immer wieder ähnliche Charaktere, ähnliche Typen und ähnliche Verhaltensweisen auftauchen — quer durch alle Kulturen, verstreut über die ganze Welt, in uralten Märchen genauso wie in gestern geträumten Träumen. Er fragte sich, woher das käme und erkannte, dass dies „archetypische", also urtümliche, lange zurückliegend angelernte Muster sind, die in jedem Menschen im Unbewussten vorhanden sind. Und er sah, dass man Zugriff auf diese Verhaltensmuster haben kann, indem man ihnen einen symbolbehafteten Namen gibt.

Archetypen sind also energiegeladene Bilder aus dem kollektiven Unbewussten, einer Schicht der Psyche, die uns angeboren ist. Im kollektiven Unbewussten sind die Erfahrungen der Menschheit „gespeichert", es ist sozusagen unser Stammesgedächtnis. Die Archetypen bezeichnen die Urprägungen, die Urbilder, die Aktions- und Reaktionsmuster, die sich in der Menschheit über die Jahrtausende hinweg gebildet haben. Mit ihnen haben wir Zugriff auf immer wiederkehrende Verhaltensmuster und können uns und andere besser verstehen lernen. Wenn uns die Energie der einzelnen Archetypen zugänglich ist, kann sie uns helfen, das Leben zu meistern, in den verschiedenen Situationen angemessen und richtig zu reagieren und kreative Lösungen für unsere Probleme zu finden.

Natürlich sind die Archetypen auch in uns, wenn es uns nicht bewusst ist. Sie beeinflussen unser Leben immer – doch es ist ein Unterschied, ob ich unbewusst ihre Energie auslebe oder ob ich wirklichen Zugang zur reifen, meisterhaften Form eines Archetypen habe. Das ist ähnlich dem Spielen eines Instruments: am Anfang (also solange ich die Archetypen unbewusst auslebe) ist das Spielen eher ein Herumprobieren: Manchmal trifft man den richtigen Ton, auch in der passenden Dauer und Lautstärke, oft aber auch nicht. Wenn ich aber beginne, mich ernsthaft mit dem Instrument auseinander zu setzen und zu üben (mir also die Energien der Archetypen bewusst mache und den Zugang zu ihnen aufbaue), dann wird das Lied, das ich spiele, immer besser und schöner. Und wenn ich es zur Meisterschaft gebracht habe (also Zugang zur reifen, höchsten Form der Archetypenenergie gefunden habe), wird das Spielen ganz leicht und geht wie von selbst.

Archetypen sind schöpferische Lebensmächte, ohne deren Einfluss das Leben eindimensional, eng und schal werden würde. Zum Schöpferischen gehört aber als Ge-

genpol auch das Zerstörerische, Auflösende, der Schatten – beide Aspekte sind den Archetypen gleich zu eigen. Das kann man vergleichen mit den zwei Seiten einer Münze: es gibt die eine ohne die andere nicht. In Wahrheit ist die Energie jedes Archetypen auch weder gut noch böse, sondern einfach da. Erst dadurch, dass und wie wir sie einsetzen oder unterlassen, wird sie positiv oder negativ. Es hängt davon ab, ob wir die passende oder die unpassende Energie einsetzen, ob wir sie angemessen ausleben oder zuwenig bzw. zuviel davon. Darüber, ob sich ein Archetyp lebensfördernd oder lebenszerstörend auswirkt, entscheiden wir also letztlich selbst durch unsere Einstellung zu ihm bzw. unser Umgehen mit ihm. Wie wir das beeinflussen können, werden wir im Laufe des Buchs noch sehen.

Die dunkle Seite jedes Archetypen besteht somit aus den zwei Möglichkeiten mit der Energie des Archetypen übertrieben umzugehen. Man kann einen Archetypen übertrieben ausleben oder übertrieben zurückhalten; seine Energie zu stark einsetzen oder zu zaghaft. Beides bringt die negative Archetypenenergie mit sich. Es gibt also von jedem Archetypen eine aktive und eine passive dunkle Seite, die wir uns im Einzelnen ebenfalls später anschauen werden.

Welche Archetypen gibt es? In der einschlägigen Literatur findet man dazu verschiedene Aussagen. Prinzipiell kann man ihre Zahl sogar mit „unendlich" annehmen. Man findet auch in fast allen Büchern irgendeinen Archetyp, der in keinem anderen Buch vorkommt. Ich glaube aber, dass Archetypen sehr viel von ihrer Kraft verlieren, wenn man sie zu sehr als Spezialist für einen kleinen Teilbereich hernimmt – genauso wie wir Menschen. Ich empfinde die Beschränkung auf König, Krieger, Magier und Liebhaber – wie von Robert Moore und Douglas Gilette vorgestellt und von Richard Rohr übernommen – als sehr gelungen. Bisher habe ich auch kaum Probleme gehabt, die zusätzlichen Archetypen anderer Autoren als spezialisiertere Ausprägungen einer dieser vier zu identifizieren. Ich halte mich daher in diesem Buch ebenfalls an diese Einteilung.

Aber auch bei der Beschränkung auf diese vier Archetypen ist es nicht so, dass die Grenzen zwischen ihnen ganz klar und strikt zu ziehen sind. Es gibt Bereiche, in denen man nicht eindeutig sagen kann, ob das jetzt zum Beispiel Königs- oder Magier-Energie ist. König und Magier sowie Krieger und Liebhaber sind einander näher, weil die beiden ersten mehr aus dem Kopf und die anderen zwei mehr aus dem Bauch wirken. Doch es ist nicht so wichtig, eine hundertprozentig klare Abgrenzung zu haben. Es geht darum, aus der richtigen Energie zu schöpfen, egal wie sie letztlich heißt.

Die Menschen haben immer wieder versucht, sich selbst und andere besser zu verstehen. Daher haben sie nach Mustern und Übereinstimmungen gesucht, nach denen sie die Menschen einteilen können – sogenannte Typologien. Es gibt davon drei Hauptausprägungen: Die erste funktioniert nach dem Muster „sage mir etwas von dir und ich sage dir, wer du bist". Zu ihr gehört zum Beispiel die Konstitutionstypologie von Ernst Kretschmer, die Menschen aufgrund ihres Körperbaus Verhaltensweisen,

Stimmungen und Vorlieben zuweist. Aber auch die Astrologie, die auf Grund des genauen Geburtszeitpunktes eine Menge über den Menschen aussagt.

Die zweite Art der Typologien funktioniert nach der Regel „Man kann die Menschen in mehrere Typen unterteilen. Schau dir diese Einteilung an. Einer dieser Typen ist deiner – du wirst dich finden". Ein Beispiel dafür ist das Enneagramm, das die Menschen in neun Typen einteilt (vgl. Rohr/Ebert: Das Enneagramm — Die neun Gesichter der Seele. 39. Auflage München, Claudius 2002).

Die Archetypen stellen eine dritte Art von Typologie dar. Hier geht es nicht darum, Menschen generell einzuteilen, sondern das Verhalten von Menschen in bestimmten Situationen aufzuzeigen und zu erklären. Im Unterschied zu den anderen Typologien ist der Zugang hier nicht die Unterscheidung „du bist ein Krieger und du ein Magier", sondern die Erkenntnis „du hast alle vier in dir, mehr oder weniger stark spürbar, mehr oder weniger stark ausgelebt, eher positiv oder eher negativ".

Jeder Mensch hat, wie gesagt, alle vier Archetypen in sich und lebt auch aus ihrer Energie, ob bewusst oder unbewusst. Wie viel Anteil jede Archetypen-Energie an unserem Leben hat, verändert sich mit der Zeit. Die meisten Menschen leben zuerst primär aus einer bestimmten Archetypen-Energie, während die anderen nur sehr gering vorhanden sind. Sie versuchen, allen Situationen zuerst mit dieser einen Energie zu begegnen, was natürlich nicht immer passend ist. Im Laufe des Lebens werden die anderen Archetypen dann größer und bekommen mehr Anteil, wodurch der primäre Archetyp nicht mehr so dominant ist. Mit der Zeit entsteht dann ein für den jeweiligen Menschen und seine Situation passendes Gleichgewicht zwischen allen vier Energien.

Fördern können wir diesen Prozess, indem wir uns zuerst einmal die vier Energien in uns bewusst machen. Als zweiten Schritt stellen wir dann fest, wie viel Anteil die einzelnen Archetypen an unserem Leben haben und schließlich, ob wir ihre Eigenschaften gut oder schlecht ausleben. Es geht darum, die positiven Energien zu aktivieren und den Zugang zu ihnen bewusster und offener zu halten. Dadurch können wir immer mehr spüren, welche Energie „dran" ist, wann und in welchem Ausmaß. So werden wir immer mehr die reife, geläuterte, meisterhafte Form des Archetypen leben.

Letzten Endes geht es darum, jedem der vier Archetypen annähernd gleich viel Platz in uns einzuräumen. Denn jeder Archetyp braucht die anderen drei, um einen ganzheitlich lebenden Menschen aus uns zu machen.

3. Die Heldenreise

Neben den Archetypen, also den Verhaltensmustern und Menschentypen, gibt es noch eine Gemeinsamkeit, die in allen Erzählungen der Menschheit vorkommen: Bestimmte Handlungsabläufe. Und einer von diesen ist für unser Thema besonders interessant: die Heldenreise.

In sehr vielen Märchen und Mythen zieht der Held aus, um den kranken König oder das daniederliegende Königreich zu retten. Manchmal dauert es einige Zeit, bis er dazu bereit ist und die Aufgabe übernimmt. Oft werden die Umstände erst noch schlimmer und schlimmer, doch irgendwann erkennt der Held, dass er an seiner Aufgabe nicht vorbei kommt und marschiert los.

Auf der dann folgenden Reise begegnet er vielen Gefahren, denen er trotzen muss. Dazu muss er kämpfen und listig sein wie ein Krieger und die Waffen, die er zur Verfügung hat, erkennen und richtig einsetzen. Er darf sein Ziel nicht aus den Augen verlieren und muss Ausdauer und Stärke beweisen. Meistens braucht er die Hilfe eines Zauberers oder einer anderen magischen Gestalt, muss Rätsel lösen, einen Bann brechen oder den Fluch einer bösen Hexe egalisieren. Er benötigt Weisheit, die er entweder aus sich heraus oder von einem Berater erhält, und muss sich seiner eigenen Transformation stellen. Sehr oft muss er dann seine Liebe zur Natur und zu den anderen Menschen zeigen oder erwecken. Er muss lernen, die Schönheit und den Wert der Schöpfung zu schätzen und er muss kreativ sein, um schließlich den Drachen zu besiegen und mit einem Schatz heimzukommen. Dann wird er selbst zum König.

In Walt Disneys Film „König der Löwen" – ich werde noch öfter Figuren aus Zeichentrickfilmen von Walt Disney verwenden, weil in diesen modernen Märchen die Archetypen besonders klar gezeichnet sind – unternimmt der Held Simba ebenfalls nicht ganz freiwillig eine solche Heldenreise. Von seinem Onkel Scar bezichtigt, schuld am Tod seines Vaters zu sein, flieht er, worauf das Königreich unter der Führung des Tyrannen Scar zugrunde geht. Währenddessen entwickelt Simba seinen inneren Liebhaber. Durch den Magier Rafiki wird er aufgerüttelt und nach Hause gerufen, wo er gemeinsam mit seiner Gefährtin gegen Scar um das Reich kämpft. Simba gewinnt und das Königreich blüht wieder auf....

Nun, solche Heldenreisen gibt es natürlich nur im Märchen! Wirklich? Sind unsere Lebenswege denn so anders? Erleben nicht auch wir und die Menschen um uns manchmal, dass ein Königreich – unsere Beziehung, unsere Arbeit, unsere finanzielle Situation – zugrunde geht? Ist es dann nicht auch an uns, aufzubrechen, um das Königreich zu retten? Können wir auf Dauer zuschauen, wie alles den Bach runter geht? Sind nicht auch wir als Helden gefragt? Und – ganz im Geheimen – wer von uns hat sich als kleiner Bub nicht öfters gewünscht, der siegreiche Held in so einer Geschichte zu sein?

Wir sind die Helden unserer eigenen Lebensgeschichte! Wir sind es, oft ohne dass wir es wahrnehmen. Sicher, oft zögern wir. Oft ist der Leidensdruck nicht groß genug und wir sagen uns, dass wir es nicht schaffen und dass es ohnehin nicht so schlimm ist. Doch irgendwann wird es zu offensichtlich, dass wir der Reise nicht entgehen können. Dann brechen wir auf.

Wenn wir schließlich unsere Heldenreise angetreten haben – oder uns bewusst wird, dass wir uns schon längst auf dieser Reise befinden – dann erkennen wir, dass auch wir Krieger-, Magier- und Liebhaber-Energie benötigen, um die Drachen – unsere Ängste und Sorgen, Probleme und Widerstände – besiegen zu können. Dann werden wir auch den Schatz, nämlich unser wahres Selbst, finden und König sein, wenn wir jedem dieser drei seinen rechtmäßigen Platz zugestanden haben. Wir werden unser Königreich verteidigt und saniert haben, seine Grenzen erweitert und seine Landschaft verschönert – egal ob es sich um ein äußeres Königreich, wie die Arbeit, oder um unser inneres Königreich, unsere Psyche, handelt.

Im folgenden Abschnitt findest Du, lieber Leser, eine genaue Beschreibung der vier Archetypen, deren Energie Du auf Deiner Heldenreise benötigst. Jeder Archetyp wird zuerst aus der positiven Sicht gezeigt. Seine Eigenschaften werden in der reifen und guten Form beschrieben und die Auswirkungen seiner Energie dargestellt. Danach folgen die Beschreibungen der beiden negativen Pole. Dort wird gezeigt, wie es sich auswirkt, wenn man die Energie eines Archetypen in der einen oder anderen Richtung übertreibt. Ich möchte schon jetzt darauf hinweisen, dass diese drei Bilder – positiver, aktiv negativer und passiv negativer Pol – nur den Mittelpunkt und die beiden Endpunkte auf einer kontinuierlichen Skala darstellen. Niemand wird zur Gänze einem der drei Bilder entsprechen. Stattdessen bewegen wir uns je nach Situation und Befindlichkeit auf der Skala zwischen diesen drei Punkten hin und her.

Es ist auch nicht so, dass der reife Archetyp andere Eigenschaften besitzt als die beiden negativen Extreme. Vielmehr sind bei ihm alle Eigenschaften in der richtigen Proportion vorhanden. Dagegen lebt der aktive Schattenpol die aktiven Eigenschaften des Archetypen so übertrieben aus, dass an und für sich gute Eigenschaften zu negativen werden. Gleichzeitig unterdrückt er die passiven Eigenschaften des Archetypen, was sich ebenfalls negativ auswirkt. Beim passiven Schattenpol werden hingegen die passiven Eigenschaften so extrem ausgelebt, dass sie negativ spürbar werden. Die aktiven Eigenschaften des Archetypen spürt der passive Schattenpol dafür kaum.

Da jedes der Bilder also alle Eigenschaften des Archetypen enthält, ist es sehr wichtig, auch die negativen Pole nicht zu verurteilen oder abzulehnen! Es geht darum, sie liebevoll zu integrieren und dadurch ihre Energie auf das richtige Maß zu bringen. Nur so kommt man zur reifen Archetypen-Energie. Wenn man einen Schattenpol ablehnt, sich also beispielsweise verurteilt, weil man aus der Energie des Tyrannen (der aktive negative Pol des Königs) gehandelt hat, dann verurteilt man damit gleichzeitig die aktiven Eigenschaften des Königs! Man trennt sich von einem Teil der Archetypen-Energie – und das ist genau das, was wir nicht erreichen wollen! Es sind nicht die Eigenschaften der negativen Pole schlecht, sondern die zu hohe oder zu niedrige Intensität, mit der sie ausgelebt werden.

Man kann sich das so vorstellen, dass wir die Energie eines Archetypen wie ein Spiegelbild ausleben, wobei wir kein fixer Spiegel, sondern eine Spiegelfolie sind. Je nachdem, ob unsere Spiegelfolie nun gerade und eben, oder nach außen oder innen gekrümmt ist, werden wir den Archetypen richtig oder verzerrt widerspiegeln. Und genau wie in einem Spiegelkabinett wird bei einer Krümmung unserer Spiegelfolie in die eine Richtung die Gestalt des Archetypen immer größer und schmäler – die aktiven Eigenschaften werden übertrieben und die passiven zu wenig ausgelebt. Krümmen wir unsere Spiegelfolie jedoch in die andere Richtung, so wird die Gestalt des Archetypen immer kleiner und dicker – die passiven Eigenschaften werden verstärkt und die aktiven verringert. Immer aber spiegeln wir den Archetypen wider – manchmal mehr und manchmal weniger verzerrt. Unsere Aufgabe ist es nicht, den Spiegel zu zertrümmern, wenn wir wieder einmal den negativen Archetypen ausleben, sondern die Spiegelfolie liebevoll wieder gerade zu richten.

Die Intensität unseres Zugangs zu der Archetypen-Energie – also wie sehr wir sie spüren, aus ihr schöpfen und sie bewusst ausleben können – lässt sich in diesem Bild am besten mit der Beleuchtung vergleichen. Je heller das Licht (also je tiefer unser Zugang), desto strahlender spiegeln wir den Archetypen wider.

Nach jedem Archetypen folgen Aufgaben, die Dir, lieber Leser, helfen sollen, das bis dahin Gelesene auf Dein Leben umzulegen. Sie werden Dich dabei unterstützen, den Zugang zur Archetypen-Energie zu vertiefen und seine Eigenschaften in der positiven Form zu leben. Du musst die Aufgaben natürlich nicht durchgehen, doch aus der Erfahrung von vielen Männerseminaren kann ich Dir versichern, dass es Dir gut tun wird. Besonders profitieren wirst Du davon, wenn Du Dich darüber mit anderen Männern unterhalten kannst.

Bei jedem Archetypen findest Du auch ein Bild von Stephen Gambill, das den Archetypen und einige seiner Eigenschaften darstellt. Ich bin mit diesen Bildern das erste Mal auf einer der Männerwochen mit Richard Rohr in Berührung gekommen. Er verwendet diese Bilder bei seinen Männerseminaren, vor allem aber auch bei seinen Initiationswochen, wo Stephen Gambill sein Ritualmeister ist. Die Bilder sind nicht sofort und plakativ zu verstehen, sondern sprechen viele Ebenen an. Nimm Dir auch für ihre Betrachtung Zeit, um ihre Botschaften zu erfahren.

C. G. Jung hat gesagt: „Der Archetyp setzt sich durch, *mit* der bewussten Persönlichkeit, *ohne* oder *gegen* sie". Wir sind also dazu aufgerufen, uns unserer Archetypen bewusst zu werden, ihre Kraft zu integrieren, gemeinsam mit ihnen auf unsere Heldenreise zu gehen und ganzheitliche Menschen zu werden.

So lasst uns also aufbrechen und zuerst das Ende der Reise, den König ins Auge fassen.....

Archetypen
-
Die Energien des Mannes

*„Menschen werden
niemals fliegen, denn
fliegen ist den Engeln
vorbehalten"*

*(Milton Wright,
Vater der Gebrüder
Wright,
den Erfindern des
Flugzeugs)*

4. Die Königs-Energie

© Stephen Gambill

4.1. Der König –
die reife Form des Archetypen

Der König – auch Patriarch, Führer, Geber oder Schöpfer genannt – ist der, der die Heldenreise schon einmal gemacht hat, der bloß durch sein Dasein schon sagt: Es ist alles gut, es ist zu schaffen – ich habe es geschafft, also wirst du es auch schaffen. Er hält das Reich zusammen, gibt ihm Ruhe und Frieden, schafft eine natürliche Ordnung und bringt Fruchtbarkeit und Segen. Er bestimmt die Grenzen und die Gesetze, verkündet, was wahr, wirklich und gut ist und trägt die Verantwortung für alles, was in seinem Reich geschieht. Er ist eine Vaterfigur für sein Volk und repräsentiert sein Reich – geht es dem König gut, geht es dem ganzen Land gut; ist der König krank, ist das ganze Reich kraftlos. Aus diesem Grund müssen in einigen Monarchien auch heute noch Thronfolger vor ihrer Heirat durch Untersuchungen nachweisen, dass sie in der Lage sind, Kinder zu zeugen, denn wenn der König unfruchtbar ist, bringt das ganze Land nichts hervor.

Der König ist der, der geerdet ist. Er lebt aus tiefem Grund, hat gesicherte, hinterfragte Ansichten, und jeder kann sich auf ihn verlassen. Er ist der Teil unserer Seele, der die Grenzen dessen bestimmt, was wir aushalten können, und der alles zusammenhält. Seine Reaktionen sind vorhersehbar, er verändert seine Meinungen und sein Verhalten nur unter guten Begründungen und bringt durch diese Kontinuität Sicherheit, Ausgeglichenheit und Gelassenheit.

Einen Mann mit viel Königs-Energie erkennt man oft auch schon an seiner Körperhaltung und der Aura, die ihn umgibt. Er strahlt durch seinen würdevollen Gang, seine Körperhaltung, die die innere Ruhe und Gelassenheit widerspiegelt, und durch seine wertschätzenden Gesichtszüge das Königsein geradezu aus. Er braucht um die Führungsrolle nicht zu kämpfen, weil sie ihm gern überlassen wird.

Der König verliert seine Ruhe selbst im Chaos nicht, weil in seinem Inneren Ordnung herrscht. Er weiß, wo sein Platz im Universum ist – dass er König von Gottes Gnaden und nicht für sich selbst ist, sondern um für die Menschen da zu sein. Weil er seiner selbst und seiner Verbundenheit mit allem gewiss ist, kennt er keinen Neid und ist tolerant und großherzig. Er kann andere belohnen und ermutigen, kann ihnen helfen, ihre eigene Reise anzutreten. Er sorgt sich um das ganze Reich und fühlt sich mit ihm untrennbar verbunden. Königs-Energie ist Großvater-Energie und kommt aus der Sicherheit des erworbenen Reiches, der gemachten Erfahrungen. Je größer das innere Reich des Königs ist, je mehr er also umfassen, zusammenhalten, aushalten kann und je öfter er die Heldenreise gemacht hat, ein umso größerer König ist er.

In Geschichtsbüchern wird der König nahezu immer so abgebildet, dass er auf dem Thron sitzt und seine Füße fest auf dem Boden stehen. Nie hat er die Beine übereinander geschlagen, denn er ist eben tief verwurzelt, geerdet. Fast immer hat er eine Krone auf dem Haupt, als Symbol des Bewusstseins. In der Ikonographie wird er meistens mit zwei Symbolen abgebildet: mit dem

Reichsapfel in der einen und dem Zepter in der anderen Hand. Richard Rohr interpretiert das folgendermaßen: Reichsapfel und Zepter sind Symbol für seine Hoden und seinen Penis. Er hält also seine Männlichkeit offen in den Händen, er ist sich völlig sicher und bewusst, dass er ein Mann ist und braucht das auch nicht zu verstecken.

Der König hat die Macht und zeigt uns mit seinem Beispiel, dass Macht gut sein kann, wenn man richtig mit ihr umgeht. Wir sehen so oft, wie Macht missbraucht wird und sind deshalb ihr gegenüber schon ziemlich misstrauisch geworden. Und doch gibt es Menschen, denen wir gerne Macht anvertrauen, weil wir ihnen vertrauen. Wir spüren bei ihnen, dass sie richtig damit umgehen, weil sie eben echte, gute Königs-Energie haben.

Jeder von uns braucht immer wieder so einen König, der uns Sicherheit gibt, hinter uns steht und uns wachsen und reifen lässt. Je kleiner unser innerer König ist, umso mehr brauchen wir die Königs-Energie von außen. Wenn wir uns auf einem Gebiet bewegen, wo wir König und Meister sind, haben wir selbst diese Energie und können sie sogar an andere weitergeben. Aber wenn wir uns auf fremdem Gebiet, außerhalb unserer Grenzen befinden, so finden wir diese Energie nicht in uns. Daher suchen wir uns überall Könige – ob in der Firma oder im Freundeskreis oder bei Prominenten – und fordern von ihnen diese Königs-Energie.

Stellen wir uns zum Beispiel einen Mechanikermeister vor. Im Umgang mit den Lehrlingen und den Gesellen ist er auf seinem Gebiet, in seinem Reich, innerhalb seiner

Grenzen und kann ihnen daher Königs-Energie geben. Am Abend im Sprachkurs ist der gleiche Mechanikermeister möglicherweise unsicher, nervös und braucht Königs-Energie vom Lehrer.

Leider können aber viele die ihnen von uns zugedachte Königsrolle nicht erfüllen – und dann sind wir frustriert. Ein Beispiel dafür ist die Welle der Enttäuschung, die vor ein paar Jahren wegen der Eheprobleme des österreichischen Bundespräsidenten Thomas Klestil durch das Land gegangen ist. Ein Bundespräsident hat keine Freundin zu haben und hat zu seiner Frau zu halten. Aber in einem Land mit dermaßen hohen Scheidungsraten ist das doch kein allzu ungewöhnliches Verhalten. Warum also dann diese große Enttäuschung im ganzen Land? Weil ein König so etwas nicht macht – schon gar nicht auf diese Art und Weise.

Genauso sind wir von unseren Vorgesetzten, Kollegen und Freunden immer wieder enttäuscht, wenn sie uns keine echte Königs-Energie geben können. Für mich war mein früherer Gruppenleiter lange Zeit ein König, zu dem ich mich zugehörig gefühlt habe. Er hat uns gefördert, ist zu uns gestanden, hat uns gelobt und ermutigt und uns immer aufgerichtet, wenn wir am Ende waren – er war immer für uns da. Doch als er dann Abteilungsleiter geworden ist, waren wir von ihm ziemlich bald enttäuscht. Da war es dann vorbei mit der Nähe zu ihm, wir konnten uns keine Kraft mehr von ihm holen, ja er selbst hat kraftlos gewirkt. Unser König war plötzlich weg. Aber eigentlich hatten wir damals nur übersehen, dass er sein Königreich erst auf die neue Aufgabe ausweiten musste.

Außerdem ist uns erst durch den Wechsel aufgefallen, dass wir in unserer Königsrolle gewachsen sind und er stehen geblieben ist, wodurch der Abstand zwischen seiner und unserer Königs-Energie plötzlich gar kein so großer mehr war. Nach ein, zwei Jahren hatte er seine Grenzen ausgedehnt, hatte sich an die neue Situation halbwegs gewöhnt und begann wieder König zu sein – er hatte die Reise erneut vollendet.

Wir sollten daran denken, dass sich alle anderen genauso wie wir auf der Reise befinden, und man erst in fortgeschrittenem Alter, nachdem man die Heldenreise oft durchlebt hat, viel Königs-Energie haben kann. Und wir sollten danach trachten, unseren eigenen inneren König größer werden zu lassen, die Grenzen unseres Königreichs zu erweitern, damit wir uns selbst und den anderen von unserer Königs-Energie geben können. Auch wir werden immer wieder als König gebraucht! Vor allen Dingen als Vater, aber auch als Vorgesetzter oder Vorbild wird uns immer wieder Königs-Energie abverlangt. Wenn man sich ihrer selbst noch nicht sicher ist, ist es jedoch sehr schwer, diese auch zu geben. Trotzdem können wir uns nicht drücken, wenn von uns Königs-Energie gefordert wird. Da es nicht möglich ist, keine Energie herzugeben (selbst ein Nicht-Reagieren ist eine Reaktion), geben wir dann ungewollt negative Königs-Energie her.

Wenn zum Beispiel ein Vater seinen Sohn zurechtweist, so kommt es auf die Art und Weise an und auf die Energie, die der Vater ausstrahlt – wohlwollende Strenge oder Aggressivität. Im ersten Fall wird der Bub den Vater als – vielleicht überstrengen – König, im anderen als Tyrannen empfinden.

Vor allem unsere Söhne, aber auch Freunde und Kollegen brauchen von uns Königs-Energie, Sicherheit und echte Stärke. Der Hauptfehler von uns Männern in der heutigen Gesellschaft ist dabei zu wenig Zeit, zu wenig Mitteilung und zu wenig Zuwendung zu geben. Nicht umsonst spricht man immer wieder von der „vaterlosen" Gesellschaft. Ich würde sie sogar die „königslose" Gesellschaft nennen. Durch den ständig steigenden Konkurrenzkampf wird der innere Krieger so gefördert, dass für den König kein Platz mehr übrig ist. Ich selbst habe damals nach dem ersten Seminar mit Richard Rohr in Hamburg eingesehen, wie oft ich mich in der Firma in den Vordergrund gedrängt habe. Immer wieder – obwohl ich es gar nicht mehr nötig hatte – habe ich unter Beweis gestellt, wie gut ich bin, anstatt den jüngeren, weniger erfahrenen Kollegen die Chance zu geben, selbst schwierige Probleme zu lösen und sich dadurch zu profilieren. Leider gibt es heute das Meister-Gesellen-Prinzip nicht mehr, bei dem die Erfahrungen, die der Meister hat, an den Gesellen weitergegeben werden, und der Geselle durch Teilhaben an der Arbeit und Energie des Meisters langsam aber sicher selbst zum Meister heranreift. Wir sollten danach trachten, es statt dem herrschenden ungesunden Konkurrenzkampf wieder einzuführen.

Der König braucht nichts mehr zu beweisen und kann daher anderen helfen, ihr Können zu entfalten. Er fördert seine Untertanen, lobt und segnet sie. Buben und junge Männer brauchen diesen Segen. Erst wenn der König sagt: „Es ist gut", sind sie überzeugt, es wirklich gut gemacht zu haben. Ich war einmal bei einer Jazz-Tanz-Vorführung meines Neffen. Nach der Vorstellung haben seine Mutter, seine Oma und seine Tante ihn sehr gelobt und immer wieder betont, wie gut er getanzt hat. Doch obwohl er soviel Lob von weiblicher Seite erhalten hatte, war er erst zufrieden, als ich ihm gesagt habe, wie gut es mir gefallen hat. Da war er dann wirklich sicher, dass er eine gute Leistung vollbracht hat. Genauso war es bei einem Fußballturnier, an dem er teilgenommen hat: Er wurde gleich um ein paar Zentimeter größer, als sein Vater und ich ihn lobten.

Der Segen eines Königs lässt unser eigenes Königreich jedes Mal ein bisschen wachsen. Männer, die diesen Segen als Kind und Jugendlicher nicht oft genug erlebt haben, ihn von ihren Königen – dem Vater, dem Großvater, dem Onkel oder anderen männlichen Bezugspersonen – nicht oft genug bekommen haben, laufen ihm ihr ganzes Leben lang nach. Ein gutes Beispiel dafür sind die japanischen Männer, die sich völlig dem Vorgesetzten unterordnen, mindestens eine Stunde länger als er im Büro bleiben, danach noch stundenlang mit Kollegen in Bars hocken, einander auf die Schulter klopfen und erklären, wie toll sie sind, um dann endlich spät in der Nacht nach Hause zu kommen. Da sie die Kinder völlig der Frau überlassen, erlebt auch die nächste Generation keinen männlichen Segen und wird ihm genauso nachlaufen wie die jetzige.

Aber wir brauchen nicht glauben, dass es bei uns viel besser ist. Da nahezu alle Väter – wie überhaupt alle

Männer – vor 50 viel mehr Krieger als König sind, können sie ihren Söhnen den Segen des Königs nur schwer geben. Ja, oft empfinden sie ihre Söhne sogar unbewusst als Konkurrenten und verweigern ihnen diesen Segen geradezu.

Ich sehe immer wieder, wie Buben um den Segen des Vaters betteln und wie ihnen dieser Segen vorenthalten wird, wie ihre Leistungen nicht gebührend anerkannt, sondern im Gegenteil heruntergemacht werden. Damit aus unseren Söhnen wirklich Männer werden, müssen wir ihnen soviel Königs-Energie schenken, wie wir nur können. Wir müssen ihre Leistungen anerkennen, sie loben und fördern und ihnen zeigen, dass wir sie lieben *und* achten. Wenn wir das nicht tun, werden sie, wie so viele andere, ein Leben lang mehr oder weniger erfolglos um die Aufnahme in den Klub der Männer ringen.

Königs-Energie, der Segen des Königs, kann nur durch Begegnung, durch Kommunikation weitergegeben werden. Für eine Studie wurden vor einiger Zeit Kinder befragt, was ihre Väter machen, wenn sie heimkommen. Grundtenor: Essen und Fernsehen und außerdem wollen sie in Ruhe gelassen werden. Nur 30 Prozent der Kinder haben angegeben, dass ihr Vater manchmal oder sogar öfter etwas mit ihnen unternimmt!

Doch so bringen die Väter ihre Kinder um das Erlebnis der Königs-Energie. Ich sehe oft, wie vor allen Dingen Buben aufblühen, wenn der Vater – ihr König – sich aufrafft und endlich einmal etwas mit ihnen allein unternimmt. Wenn ein Vater mit seinem Sohn allein Drachen steigen lässt oder ins Kino geht, dann hat der Bub Gelegenheit, männliche Energie zu empfangen. Dann bekommt er die Anerkennung, den Segen, nach dem er sich sehnt. Nur so werden aus Buben mit der Zeit Männer und nicht bloß alte Buben!

Früher war das viel einfacher. Da hat der Vater als Handwerker oder Bauer gearbeitet und die Kinder haben ihn dabei erlebt, haben an seinem Leben teilhaben können. Heute geht der Vater in der Früh fort und kommt am Abend nach Hause. Was dazwischen passiert, kennen die Kinder nicht. Um das auszugleichen, muss sich der Vater seinen Kindern in der restlichen Zeit um so stärker widmen, statt zwar körperlich anwesend aber emotional weiterhin abwesend zu sein.

Wir sollten nicht glauben, dass wir das nur den Kindern zuliebe tun – wir tun es auch für uns. Anfangs ist es sicher unangenehm, sich nach der Arbeit nicht einfach auf die Couch fallen zu lassen, sondern etwas mit den Kindern zu unternehmen. Doch je öfter wir unseren Kindern oder anderen Menschen Königs-Energie geben, um so größer wird auch unser innerer König. Es ist dies das Paradoxe mit allen inneren Energien – je mehr wir davon hergeben, um so mehr haben wir selbst davon in uns.

Doch jetzt wollen wir uns die dunklen Zerrbilder des Königs anschauen. Je nachdem, ob wir die aktive Seite des Königs übertreiben, oder nur aus der passiven Königs-Energie leben, ist der Tyrann oder der Schwächling in uns aktiv.

4.2. Der Tyrann –
die aktive Schattenseite des Königs

Wenn jemand in den Raum kommt und alle spüren es, weil sie sich plötzlich sicherer fühlen, so strahlt er echte Königs-Energie aus. Doch wenn jemand seinen Auftritt inszenieren muss, so ist er kein König, sondern ein Tyrann.

Ich habe so einen extremen Auftritt einmal erlebt, als ich bei einem Informationsabend über ein Bauvorhaben in meiner Nachbarschaft war. Der ortsansässige Baumeister – ein erklärter Gegner des Projekts – ist gekommen, hat sich kurz umgeschaut und dann mit großer Gestik und der tatkräftigen Hilfe seiner Begleiter alle anderen zum Schweigen gebracht. Dann hat er ganz theatralisch verkündet, „die Information hier ist völlig einseitig und deswegen *gehe* ich", und ist abgerauscht.

Ein guter König hat soviel Macht, dass er sie kaum nutzen muss, ein schlechter so wenig, dass er sie dauernd benutzen muss. Wer die Zeichen der Autorität dauernd herzeigen muss, hat keine. Mir hat einmal ein Kollege erbost am Telefon geantwortet: „Sie sind hier bei der Referatsleitung (also beim Chef der Gruppe) gelandet!" – Welch ein Vergehen, Entschuldigung, dass ich gestört habe! Drei Minuten später hatte jener Kollege dann wohl erfahren, dass auch ich Referatsleiter war, denn er hat mich zurückgerufen und war plötzlich unheimlich freundlich und hilfsbereit.

Der Tyrann braucht immer Anbetung, er hält sich für den Nabel der Welt, obwohl er selbst nicht in seiner Mitte ruht. Anstatt andere zu bestätigen, braucht er selbst dauernd Bestätigung. Er sendet dauernd „Schau her, wie wichtig ich bin!" oder „Wisst ihr nicht, wer ich bin?" und versucht, sich krampfhaft ins richtige Licht zu stellen. Er muss möglichst viele wichtige Leute um sich versammeln, da er selbst nicht wichtig ist.

Im schlimmsten Falle stellt er seine Macht immer wieder brutal zur Schau, indem er ein Exempel statuiert. Damit versucht er allen anderen zu zeigen: „Passt auf, ich bin hier der, der das Sagen hat, ich bin der König!" Das gibt es auch im Alltag: Man denke nur an Vorgesetzte, die regelmäßig einen ihrer Mitarbeiter niedermachen, mit der Begründung, dass „sie das von Zeit zu Zeit brauchen, damit sie wissen, wer der Herr im Haus ist".

Wer unter oder neben sich niemanden groß werden lassen kann, ist ein schlechter König. Das biblische Beispiel des Herodes, der auf das Gerücht der Geburt eines neuen Königs mit der Ermordung aller kleinen Buben reagiert, ist ein klassisches Bild für einen Tyrannen. Doch dieser Tyrann zeigt sich auch im Vater, der dem heranwachsenden König, seinem Sohn, den Krieg erklärt, oder im Vorgesetzten, der seine Mitarbeiter unterdrückt. Solche Männer hemmen die Lebenskraft des Jüngeren mit verbalen Attacken und mit der Herabsetzung der Interessen, Hoffnungen und Talente des Jüngeren.

Ein guter König fördert seine Untergebenen und freut sich über deren Erfolg. Ob das nun der Gruppenleiter ist, der für seine Mitarbeiter nach einer besonders harten Zeit eine Prämie herausholt, ob es der Vater ist, der sich hinter seine Kinder stellt und ihnen den Rücken stärkt oder ob es der Pfarrer ist, der seine Mitarbeiter lobt und ihre Leistungen herausstreicht – sie alle sind sich ihrer selbst sicher und müssen daher nicht selbst im Rampenlicht stehen. Diese Könige haben es nicht nötig, die ihnen Anvertrauten klein zu halten. Im Gegenteil, sie helfen ihnen größer zu werden, zu wachsen und zu reifen. Und wenn die Zeit gekommen ist, lassen sie sie ziehen, damit diese selbst zu Königen werden können.

Doch wo ein guter König segnet, lobt und durch Anerkennung unterstützt und fördert, verflucht, verspottet und unterdrückt uns der Tyrann. Er ist destruktiv, stellt sich in den Vordergrund und verunsichert und entwürdigt die anderen. Er bringt sie durch irgendwelche Versprechungen dazu, für ihn zu arbeiten, doch eingehalten werden diese nie. Oft bringt er seine Untergebenen auch noch um die Früchte ihrer Arbeit, indem er sie sich selbst aneignet, statt den eigentlichen Urhebern den wohlverdienten Erfolg zu gönnen. Man sieht das auch immer wieder im akademischen Bereich, wo der eigentliche Autor einer Arbeit bestenfalls als zweiter hinter dem Professor genannt wird.

Während die Grenzen eines guten Königs durchaus auch ein bisschen Spielraum erlauben und gelegentliche Übertretungen unbeschadet überstehen, sind die Grenzen und Gesetze, die der Tyrann aufstellt, beinhart, unausweichlich und werden brutal erzwungen. Sie dürfen nicht einmal in Frage gestellt werden und sind daher oft schon inhaltslos und leer. Sie werden nur mehr aus Angst vor der Strafe eingehalten, auch wenn ihr Sinn bereits lange verloren gegangen ist.

Angst ist überhaupt ein gutes Barometer für die Königs-Energie – die Angst der Untertanen nämlich. Einem guten König gehört man gerne an. Man ist sogar ein bisschen oder vielleicht sogar sehr stolz, für ihn arbeiten zu können und bei ihm zu sein. Man sucht seine Nähe, freut sich über die Zeit und Zuwendung, die man von ihm bekommt und lebt gern in seinem Reich. Kaum jemand kommt auf die Idee, so einen König zu verlassen – es sei denn um zur eigenen Heldenreise aufzubrechen. Daher sind die Grenzen eines guten Königs auch offen und man kann passieren.

Beim Tyrannen jedoch bleibt man aus Angst vor der Strafe und der Verfolgung. Niemand will eigentlich für ihn arbeiten, alle schimpfen auf ihn, doch traut sich niemand, etwas zu unternehmen. Man meidet ihn, ist froh wenn er einen nicht beachtet und möglichst nicht anredet. Wer einen Befehl von ihm bekommt, nimmt ihn ruhig und ohne Erwiderung zur Kenntnis, egal was es ist, weil man nur ja nicht anecken will. Eigentlich würde jeder diesen Tyrannen lieber heute als morgen verlassen, doch sind die Grenzen so gut gesichert, mit Mauern, Stacheldrähten und Kanonen versehen, dass nur wenige sich die Flucht zutrauen.

Aber irgendwann steht dann in den eigenen Reihen einer auf, der genug Mut hat, der laut sagt, was alle sich denken, der das Risiko auf sich nimmt. Und oft folgen diesem einen dann alle anderen und der Tyrann wird gestürzt.

Bei einem meiner Freunde ist auf diese Weise ein leitender Angestellter zum Rücktritt gezwungen worden, was alle sehr erleichtert hat. Und heute noch, Monate nach seinem Ausscheiden, tauchen miese Aktionen auf, mit denen dieser Tyrann versucht hat, seinen Thron zu sichern und sich gleichzeitig zu bereichern.

Auch das ist ein untrügliches Zeichen für den Tyrannen: es geht ihm nicht darum, dass es dem Reich gut geht, sondern dass es funktioniert, damit er sich daran bereichern kann. Und so denkt er nur an sein eigenes Wohl, seinen Vorteil und versucht in seiner Regierungszeit das Maximum aus seinem Volk herauszupressen. Hier gibt es auch viele Beispiele aus der Wirtschaft, wo leitende Manager Firmen zugrunde gerichtet haben, weil sie – mit auf lange Sicht gesehen völlig kontraproduktiven Maßnahmen – immer nur kurzfristige Erfolge im Sinne der schnellen Erhöhung des Aktienkurses durchgepeitscht haben. Wenn ihnen dann die Rechnung für dieses „Krank-Sparen" präsentiert wird, sind sie entweder ohnehin nicht mehr da oder nehmen ihre vertraglich gesicherte Abfindung und suchen sich gemütlich ein neues Opfer. Wie ein guter König sich der Energien der anderen drei Archetypen zum Wohle des Reichs bedient, so benutzt der Tyrann die drei anderen zu seinem alleinigen Vorteil.

Und auch die Angst des Königs ist ein Zeichen für den Tyrannen. Ständig – und nicht zu Unrecht – hat er Angst, dass man ihm seinen Thron streitig machen will.

Er muss seine Macht dauernd absichern und permanent darauf achten, dass keiner seiner Untertanen zu groß wird. Er umgibt sich daher oft mit einer Leibwache, die, wie er, nicht gerade zimperlich und vertrauenserweckend ist. Ihre Loyalität hat er sich durch irgendwelche – meistens illegale – Vergünstigungen erkauft und als Gegenleistung halten sie für ihn alle anderen in Schach.

Wer den schon erwähnten Walt-Disney-Film „König der Löwen" kennt, wird unschwer im Onkel Scar den Tyrannen wiederfinden. Scar will unbedingt die Herrschaft über das Reich. Er geht dabei so weit, dass er sich nicht nur mit den Hyänen verbündet, sondern auch seinen Bruder, den König, ermordet und seinem Neffen Simba, dem Thronfolger, den Tod anlastet und ihn so zur Flucht zwingt. Danach regiert er das Reich dermaßen destruktiv, dass es nach kurzer Zeit völlig am Ende ist. Selbst als seine Jäger berichten, dass alles zugrunde geht und sie kein Fressen mehr finden können, weil alle Tiere flüchten, negiert er die Zeichen. Er erwidert bloß: „Das interessiert mich nicht, dann müsst ihr euch eben mehr anstrengen!" (Kennen wir das nicht auch aus der Arbeitswelt?) Erst als Simba wieder auftaucht, schließen sich auch die anderen Löwen dem Kampf gegen den Tyrannen an und können Scar und seine Hyänen stürzen.

Ein guter König ist stark und gefestigt genug und kann daher auch mit seinen Schwächen leben. Er weiß, dass sie genauso zu ihm gehören wie seine Stärken und kann Fehler, die er gemacht hat, auch eingestehen. Ein schlechter König ist so schwach, dass er keinen Fehler zugeben kann. Er macht nahezu alles, nur um den An-

schein der Stärke nach außen hin zu wahren. Ein salesia-
nischer Missionspater, der einmal in Österreich zu Besuch war, hat erzählt, dass in Afrika, wo er tätig ist, fünf
Menschen ermordet wurden, nur damit nicht bewiesen
werden kann, dass ein Mitglied der Regierung ein Dieb
ist.

Ich möchte an dieser Stelle auch erwähnen, wie wichtig es ist, dass wir uns die Fehler unserer Könige – unseres Vaters, Großvaters, Onkels oder wer auch immer unsere Könige waren und sind – eingestehen. Es ist notwendig, diese Fehler wenigstens vor uns selbst zuzuge-
ben, wenn sie schon unser König nicht zugeben kann.
Und dann ist es notwendig, sie ihm zu verzeihen. Das bedeutet nicht, sie gutzuheißen, sondern ihm seine Fehler
zu vergeben. Erst dadurch sind wir in der Lage, selbst
gute Könige zu werden.

4.3. Der Schwächling –
passiver Schattenpol des Königs

Der schwächliche König ist so wenig König, dass er jedem Recht gibt, alles zulässt und sein Mäntelchen nach dem Wind hängt. Er hat kein Rückgrat und steht für nichts ein. Er will sich seiner Verantwortung als König nicht stellen, deshalb lässt er das Reich lieber von anderen regieren und sogar darunter leiden. Er hat das Peter-Pan-Syndrom: Er weigert sich, erwachsen zu werden und für sein Reich zu sorgen.

Im Berufsalltag sind dies die Kollegen, die sich nichts zu entscheiden trauen und bei allem nachfragen müssen. Es sind die Chefs, die immer nur nach oben buckeln und in vorauseilendem Gehorsam jeden noch so großen Unsinn sofort umsetzen, oder aber die Männer, die mit 40 immer noch „Berufsjugendliche" sind. Auch jene Vorgesetzten, die nie wirklich und offen sagen können, was sie eigentlich von einem wollen, gehören dazu. Sie halten kaum Kontakt zu dir, deshalb kann man ihnen auch nichts recht machen.

In Walt Disneys Film „Aladdin" ist ein klassisches Beispiel für einen schwächlichen König zu sehen, der nicht für sein Reich sorgen kann. Dieser ist in allem unsicher, weiß nicht was er tun soll und hört weder auf seinen Instinkt noch auf seine innere Stimme. Stattdessen vertraut er voll auf den Rat seines bösen Großwesir und lässt ihn auf diese Weise das Reich regieren, bis es zum offenen Versuch der Machtübernahme kommt (Schattenkönige geben sich selten sehr lange mit dem Schattendasein zufrieden). Zum Glück werden der König und das Reich im letzten Moment noch von Aladdin gerettet.

Ein schwacher König hält keine Konfrontation aus, kann seinen Untertanen keine schlechten Nachrichten überbringen und ihnen womöglich dabei in die Augen sehen. Schon gar nicht kann er ihnen bei der Verarbeitung der schlechten Nachricht beistehen. Ein Kollege von mir hat im Rahmen einer Umstrukturierung von seinem Vorgesetzten die Nachricht, dass er nicht mehr als Führungskraft eingesetzt wird und somit quasi degradiert ist, am Telefon erfahren, ein anderer vom selben Vorgesetzten im Vorbeigehen auf dem Gang!

Ein früherer Vorgesetzter von mir war ebenfalls ein sehr schwacher König. Er hat jede Entscheidung, die zu treffen war, tausendmal hin und her gewälzt, hat jeden Euro hundertmal umgedreht und immer noch etwas Neues bedenken und wissen wollen. Doch bei einer Entscheidung von oben – wie schwachsinnig sie auch war – hat er diese sofort weitergegeben und vehement vertreten, natürlich ohne Argumente außer den vorgekauten.

Ein anderes Beispiel für den Schwächling sind Könige, die die Zeichen der Zeit nicht erkennen, unbedingt alles bewahren wollen und am Althergebrachten festklammern. „Das haben wir immer schon so gemacht", ist ein Ausspruch, der für Beamte oft in Witzen verwendet wird, der jedoch durchaus als Leitspruch für solche Könige gelten kann. Dies ist keine seltene Reaktion, denn was einmal gut funktioniert hat, das müsste doch auch weiterhin gut funktionieren, oder?

Diese Vorgangsweise ist natürlich nicht auf Beamte beschränkt, sondern sehr weit verbreitet. Paul Watzlawick, der große Psychologe, nennt sie „Mehr vom Selben". Wenn etwas eine Zeitlang gut gelaufen ist und dann nicht mehr funktioniert, ist die häufigste Reaktion darauf, nicht zu schauen, was zu verändern wäre. Vielmehr wird die alte Verhaltensweise weiter angewendet, nur stärker, damit sie endlich wieder wirkt. Manchmal geht das auch eine Zeitlang gut, doch wird das alte Muster immer unpassender, bis man – unnötigerweise – am Ende vor einem Scherbenhaufen steht. So mancher Konkurs ist nach diesem Muster abgelaufen.

Es ist eben wirklich schwer, den Zeitpunkt zu erkennen, an dem etwas, das sehr erfolgreich war, seine Wirkungskraft endgültig verloren hat, und nicht bloß einen „Durchhänger" hat und wieder wirksam gemacht werden kann. Ich selbst habe in den letzten zwei Jahren mit meinem Team so eine Situation erlebt, in der ich auch sehr lange, fast zu lange gezögert habe, das Alte, das so gut und erfolgreich war, loszulassen und mich mit meinen Mitarbeitern neuen Ufern zuzuwenden. Doch es gibt im Leben immer wieder Zeiten, wo dies unumgänglich ist, weil man sonst nur noch tiefer in die Sackgasse gerät.

Manchmal ist es für einen König sogar an der Zeit abzudanken und sein Königreich einem Nachfolger zu überlassen, der vielleicht schlagkräftiger ist, andere Ideen hat und noch aus seiner unverbrauchten Kreativität schöpfen kann. Gleichzeitig kann der bisherige König sich selbst neuen Aufgaben zuwenden und sich zu neuen Grenzen aufmachen. Es nützt nichts, einen solchen Zeitpunkt unnötig lang hinaus zu zögern, wenn er gekommen ist, oder ihn gar zu ignorieren, denn das tut weder dem Königreich und denen, die darin leben, gut, noch dem schwach gewordenen König. Denn, wie schon gesagt, geht es dem König gut, so geht es allen gut, ist der König schwach, so kränkeln alle in seinem Reich. Doch den Rücktritt zu wagen, fällt den meisten Königen sehr, sehr schwer. Es gibt auch oder gerade in der heutigen Zeit sehr prominente Beispiele dafür, wie ein König immer schwächer und schwächer wird, aber nicht zurücktreten will – vielleicht auch nicht darf, damit die aus dem Schatten Regierenden ihre Macht nicht verlieren?

Wer keinen Zugang zu seinem inneren König hat, hält eben auch kaum Veränderung aus, hat vor allem Unbekannten Angst und ist daher immerzu auf der Suche nach jemanden, der ihm die fehlende Königs-Energie geben und für ihn regieren kann.

4.4. Aufgaben zum König

a) Wer sind/waren die Könige in Deinem Leben? Denke über jeden Einzelnen nach. War er ein guter König, ein Tyrann oder ein Schwächling? Wann hast Du diese Energie gespürt? Welche seiner Gesetze befolgst Du immer noch, vielleicht ohne es zu bemerken?

b) Denke an jenen Moment Deines Lebens, in dem Du am stärksten positive Königs-Energie erfahren hast. Versetze Dich in die Situation zurück und beschreibe sie genau – entweder einem Gesprächspartner oder (am besten schriftlich) Dir selbst. Spüre dem nach, was Du für Dein König-Sein daraus lernen kannst.

c) Wie steht es um Deinen inneren König? Ist er groß oder klein? Neigt er in Krisen eher zum Tyrannen oder zum Schwächling? Ist Dir seine Energie bewusst?

d) Beschreibe in einem „Anforderungsprofil" Deinen Wunsch-König. Nimm danach jeden einzelnen Punkt her und denke darüber nach, wie weit Du ihn selbst schon erfüllst und was Dir bei der Erfüllung helfen kann.

5.   Die Krieger-Energie

© Stephen Gambill

5.1. Der Krieger –
die positive Form des Archetypen

In diesem zweiten Schritt wollen wir uns nun mit jenem Archetypen befassen, den wir *zu Beginn* der Heldenreise am wichtigsten brauchen: dem Krieger.

Der Krieger hat in unserer Gesellschaft, bedingt durch die Weltkriege, durch Vietnam, Jugoslawien und andere Kriegsschauplätze einen sehr schlechten Ruf. Diese großen Manifestationen negativer Krieger-Energie lassen viele Menschen generell vor dem Krieger zurückschrecken. Ja, es hat sogar lange Zeit starke Bewegungen gegeben, die den Krieger überhaupt abschaffen wollten – die Hippies in Amerika, die Friedensbewegungen in Europa und esoterische Sanftheits-Theorien, um nur einige zu nennen. In der letzten Zeit sind diese Bewegungen zwar wieder mehr in den Hintergrund geraten, aber immer noch präsent.

Doch mit dem Ansatz, den Krieger abschaffen zu wollen, anstatt ihn zu verstehen, entstehen zwei Probleme: erstens brauchen wir und auch die Welt Krieger-Energie – natürlich nur positive, aber die um so mehr. Und zweitens kann man einen Archetyp nicht einfach wegschicken, denn nur weil wir ihn nicht mögen, geht der Krieger nicht fort.

Das Einzige, was wir erreichen, bei dem Versuch den Krieger abzuschaffen, ist, dass wir ihn in unserem Unterbewusstsein vergraben. Doch wenn wir ihn so unterdrükken, leben wir seine Energie unbewusst aus. Unbewusstes Ausleben einer Archetypen-Energie bedeutet aber meistens, dass wir die negative Energie ausleben. Dann staut sich unterdrückte Energie auf und man gerät immer mehr unter Druck. Das ist ähnlich wie bei einem Dampfkochtopf, der, wenn man ihn nicht vom Feuer nimmt, explodiert. Der unterdrückte Krieger bricht immer irgendwann wie ein Vulkan aus uns hervor und richtet dann viel Schaden an.

Interessant ist auch, dass der Krieger – trotz der Abneigung gegen ihn – der Archetyp ist, der in unserer Gesellschaft am häufigsten zu spüren ist. Das ist natürlich vor allem im Sport zu sehen, wo man ohne Krieger-Energie „kein Leiberl reißen" kann. Wie sehr der Krieger aber in uns allen ist, sieht man besonders an den Zuschauern. Das Mitleben, Anfeuern, Sich-Identifizieren mit den „Kriegern", die da unten kämpfen, zeugt von der starken Anziehungskraft, die der Krieger besitzt. „Heute haben wir wieder gut gespielt" und „Denen haben wir's aber gezeigt" sind Aussagen, die für sich selbst sprechen.

Manchmal geht es da noch ein ganzes Stück weiter. Ich war einmal bei einem Kinder-Fußball-Turnier, bei dem mein Neffe mitgespielt hat. Dort habe ich Sachen von den zuschauenden Eltern erlebt, die waren sagenhaft: Ein Vater hat auf den Schiedsrichter mit den ärgsten Schimpfwörtern eingeschrien und musste sogar von den Umstehenden zurückgehalten werden, um nicht handgreiflich zu werden. Ein schönes Vorbild für die Kinder!

Aber gerade im Beruf ist der Krieger in der heutigen Zeit überall zu sehen. Der Konkurrenzkampf, der immer härter und härter wird, verlangt und fördert Krieger-Energie – auch hier oft weit über ein gesundes Maß hinaus. Doch schauen wir uns den Krieger zuerst einmal genauer an:

Der Krieger ist der Teil in uns, der Hindernisse überwindet und Opfer bringt, um auf dem Weg zu bleiben. Er weiß, dass es Dinge gibt, für die es sich lohnt zu schwitzen, zu leiden oder sogar zu sterben. Er richtet dich auf ein Ziel aus und gibt dir den Mut, Entscheidungen zu fällen und dabei auch Fehler auszuhalten.

Der Krieger bewacht und verteidigt die Grenzen, die der König bestimmt. Ohne Krieger-Energie sind wir allen Angriffen schutzlos ausgeliefert. Und so ist es seine Pflicht und oberste Aufgabe, die Grenzen zu sichern. Wenn uns unser innerer Krieger nicht vor Verletzungen und Grenzübertretungen bewahrt, ist unser innerstes Selbst völlig ungeschützt.

Ohne Krieger-Energie ist uns auch keine Unterscheidung möglich. Das Schwert des Kriegers scheidet zwischen Gut und Böse, Liebe und Hass, Wahrheit und Unwahrheit. Er ist der Teil in uns, der achtsam und aufmerksam ist, der verhindert, dass wir unbewusst und planlos durchs Leben gehen. Die Krieger-Energie ist es aber auch, die uns befähigt, schnell und zielbewusst die vielen kleinen Entscheidungen zu treffen auf dem Weg zum großen Ziel, das der König vorgibt.

Der Krieger weiß, was er will und wie er es bekommt. Bei den Vorbereitungen zum ersten Seminar über die Archetypen habe ich in einem Artikel über Archetypen den Hinweis gelesen, dass ein bestimmtes Buch eine exzellente Beschreibung von Krieger und Magier enthalten soll. Daraufhin bin ich zu einer großen Buchhandlung in Wien gepilgert und wollte mir das Buch kaufen. Allerdings habe ich dort nur ein neueres Buch vom selben Autor bekommen – das erste war vergriffen. Ich wollte aber unbedingt auch das alte Buch haben, und so habe ich mir die Nummer des Verlags besorgt und in Deutschland angerufen, ob es eine Neuauflage gibt. Die Auskunft war negativ: In nächster Zeit sei keine geplant, sagte man mir. Viele hätten spätestens jetzt akzeptiert, dass sie dieses Buch nicht mehr bekommen können. Ich wollte aber nicht die Flinte ins Korn werfen, bevor ich nicht alles versucht hätte. Und so habe ich bei ein paar großen Buchhandlungen in Wien angerufen, ob sie das Buch vielleicht doch noch auf Lager hätten – wieder ohne Erfolg. Schließlich ist mir eingefallen, dass das Buch ja in einer Esoterik-Reihe erschienen ist und so habe ich mir die Esoterikhandlungen im Telefonbuch herausgesucht – so viele gab es damals davon noch nicht – und sie angerufen. Und dann habe ich das Buch bekommen – in einer Esoterikhandlung, drei Minuten von meinem Büro entfernt.

Der Krieger wendet nicht mehr Kraft auf als nötig und spricht nicht viel, sondern handelt schnell und zielbewusst. Er hat aber auch sehr viel Ausdauer und Geduld, legt sich eine Taktik zurecht und folgt dieser konsequent. Ein guter Krieger bringt viel Zeit zur Vorbereitung eines

Kampfes auf. Er studiert seinen Gegner, überlegt sich genau was er erreichen will, welche Waffen er zur Verfügung hat und welche er benutzen will. Welche Kompromisse er machen und welche Folgen ein Kompromiss oder gar eine Niederlage haben kann. Er ist durch diese gute Vorbereitung dem Gegner einen Schritt voraus und kann unerwartete Wendungen einstecken, abschwächen oder gar zu seinem Vorteil nutzen. Während des Kampfes hat er immer das Ziel im Hinterkopf und verliert so nie die Richtung, in die er zu gehen hat – auch wenn er mal zur Seite springen oder gar zurückweichen muss.

In meinem Berufsalltag erlebe ich allerdings in vielen Besprechungen fast genau das Gegenteil: Da sind Krieger, die völlig unvorbereitet ein Ziel erreichen wollen, wobei sie sich nicht einmal die Konsequenzen eines Sieges wirklich überlegt haben, geschweige denn irgendetwas anderes. Sobald man auch nur einen gut gemeinten Einwand vorbringt oder sie fragt, ob sie diese oder jene Gefahr bedacht haben, sehen sie ihr Ziel gefährdet, schlagen wild drauflos und sind keinem Argument mehr zugänglich. So beschwören sie ihre Niederlage selbst herauf.

Ein guter Krieger achtet und pflegt seine Waffen, sorgt dafür, dass sie bereit stehen und funktionstüchtig sind. Genauso achtsam ist er gegenüber seinem Körper, hält ihn gesund, agil und geschmeidig, stärkt seine Muskeln wie auch seine Reaktionsfähigkeit. Er beherrscht seine Waffen perfekt, kämpft aber nicht für sich allein, sondern folgt mit Hingabe einem überpersönlichen Ziel, einem Ideal.

Bevor er jedoch dieses Ziel in Angriff nimmt, betrachtet er es genau, versichert sich, dass es ein Ziel ist, das ein positiver König gesetzt hat, also ein Ziel, das es auch wert ist, verfolgt zu werden. Er legt sich einen Plan zurecht und schafft sich Unterziele, Etappen und Meilensteine auf seinem Weg zum Ziel. Er überlegt sich die Taktik, die er anwenden wird, ersinnt Kriegslisten, mit denen er den Gegner vielleicht sogar kampflos besiegen kann und sucht Möglichkeiten, sein Risiko gering zu halten. Während eines einzelnen Kampfes verliert er sein (Teil-)Ziel nicht aus den Augen, weiß aber auch, wann er einen Kompromiss oder eine vorübergehende Niederlage eingehen muss. Während des gesamten Weges hin zum Ziel verfeinert er seinen Plan, passt ihn immer wieder an neue Gegebenheiten an, reagiert auf unerwartete Wendungen und justiert sich immer wieder neu auf sein Ziel ein. Er weiß auch, wann es nötig ist, schneller zu marschieren, wann es besser ist, einem Kampf auszuweichen und wann Rasten angesagt ist.

Der Krieger zerstört nur, was schlecht ist, was vernichtet werden muss, um Platz für Neues, Frisches, Lebendiges, Gutes zu schaffen. Er ist wie ein Chirurg oder ein Gärtner, der behutsam, aber bestimmt alles Schlechte, Abgestorbene entfernt, damit Neues wachsen kann. Er leidet mit denen mit, denen er Schmerzen zufügt, doch er lässt sich nicht vom Mitleid dazu verleiten, dem notwendigen Schmerz auszuweichen und das, was schlecht ist, weiter wachsen zu lassen. Auch vom Selbstmitleid lässt er sich nicht blenden. Er trifft anstehende Entscheidungen und setzt die nötigen Handlungen.

Der Krieger

Der Krieger ist wach, kräftig, achtsam und motiviert. Die Konzentration ist seine große Stärke. Im Kampf bemerkt er jedes Detail, seine Wahrnehmung ist aufs Äußerste geschärft. Er hört das kleinste Geräusch, sieht die winzigste Bewegung, kann Spuren lesen und Zeichen deuten. Im Moment der Gefahr hilft er uns, alle unsere Kräfte zu sammeln, sie zu bündeln und dann mit vollem Einsatz zu verwenden. Das Motto der japanischen Samurai, die sehr weit entwickelte Krieger waren, lautete: „Es gibt nur eine Möglichkeit, sich dem Gegner zu nähern: frontal und vorwärts."

Um mit dem Schwert ausholen zu können, braucht ein Krieger Platz, und so tritt ein guter Krieger immer zuerst einen Schritt zurück, um die Sache aus der Distanz, aus einer erweiterten Perspektive zu sehen und dann richtig und angemessen handeln zu können. Er ist sich seiner Ängste und Schwächen bewusst, lässt sich aber durch sie nicht irritieren oder beeinflussen. Wir tun leider sehr oft das Gegenteil und stürzen uns sofort in einen wilden Nahkampf, wenn wir uns in unseren wunden Punkten bedroht fühlen. Auch in der Wahl der Waffen verfahren wir selten angemessen.

Den Unterschied zwischen einem jungen Krieger und einem erfahrenen Krieger erkennt man am Besten an der Art zu kämpfen. Ein junger, unreifer Krieger ist spröde in seinen Bewegungen, kämpft verbissen, oft auch verkrampft und schlägt wild um sich. Er lässt mit Fortdauer des Kampfes seinen Emotionen freien Lauf, lässt sich von ihnen leiten und geht im schlimmsten Fall sogar völlig in seiner Wut auf. Seine Emotionen bestimmen dann seinen Kampfstil. Damit ist er immer hart an der Grenze zum dunklen Krieger und oft überschreitet er diese sogar.

Der erfahrene, reife Krieger hingegen ist geschmeidig, ja fast anmutig in seinen Bewegungen. Bei ihm sieht alles ganz leicht aus. Er ist nicht starr, sondern geht mit den Bewegungen seines Gegners mit, ja, er benutzt sogar dessen Schwung, um ihn im richtigen Moment durch einen gezielten Schlag aus dem Gleichgewicht zu bringen.

Mein Vater hat mir oft erzählt, welche Veränderung Cassius Clay, der spätere Muhammad Ali, in den Boxsport gebracht hat: „Der Kerl ist einfach nie still gestanden. Er ist um den Gegner herumgetänzelt und jedem Schlag ausgewichen. Er ist dem anderen buchstäblich auf der Nase herumgetanzt, bis der seine Deckung vernachlässigt hat. Darauf hat Muhammad Ali nur gewartet". „Dance like a butterfly, sting like a bee" (Tanze wie ein Schmetterling, stich wie eine Biene) war das Motto dieses großen Kämpfers.

Ein Freund von mir, der erfahren in asiatischen Kampfkünsten ist, hat mir das einmal demonstriert. Es ist nahezu unmöglich, ihn umzuwerfen, er dreht und wendet sich mit dem ganzen Körper, ohne die Füße auch nur einen Millimeter zu bewegen. Er nimmt dir deinen ganzen Schwung, geht mit deiner Bewegung mit und lässt deinen Angriff verpuffen. Das tut er so lange, bis er sieht, dass du dich zu weit vorgewagt hast und dass dein Stand nur mehr labil ist. Dann wirft er dich mit einer kleinen, kaum merkbaren Bewegung einfach um.

Genauso machen das erfahrene Krieger auch in verbalen Kämpfen. Sie lassen ihren Gegner argumentieren, gehen mit seinen Ausführungen mit und bestärken ihn manchmal scheinbar sogar, bis sie plötzlich mit einem kurzen, harten, unwiderlegbaren Argument sein ganzes mühsam aufgebautes Kartenhaus in sich zusammenstürzen lassen – das macht ein guter Krieger natürlich nur dann, wenn das Ziel des Gegners dem Gesamtziel hinderlich ist.

Der reife Krieger kämpft mit feiner Klinge, hat immer sein Ziel vor Augen und hält seine Emotionen hintan. Er unterdrückt sie nicht, aber er lässt sich auch nicht von ihnen leiten. Er kämpft für die Sache und da er sich nicht über die Maßen mit ihr identifiziert, kann er auch noch einen klaren Kopf bewahren, wenn er zu unterliegen droht.

Ein Beispiel für so einen mit feiner Klinge ausgeführten Streich habe ich einmal in der U-Bahn erlebt. Der Fahrer hat ein paar Mal erfolglos versucht, die Türen zu schließen – immer ist noch schnell jemand hineingehuscht. Daraufhin hat er sich über den Lautsprecher gemeldet und gesagt: „Sehr geehrte Fahrgäste! Wenn ihnen schon die Abfertigung des Zuges durch das Personal egal ist, so sollten sie wenigstens ein bisschen auf ihre Gesundheit achten und nicht blindlings in die sich schließenden Türen hineinrennen. Ich wünsche ihnen noch eine gute Fahrt und einen schönen Abend." Alle hatten eine wütende Durchsage oder gar eine wüste Beschimpfung erwartet und waren ob dieser Ansprache so perplex, dass es sekundenlang völlig still im Waggon war.

Ein unreifer Krieger ist ganz extrem auf sein Ziel fixiert und identifiziert sich viel zu stark damit. Er kann daher auch nichts anderes mehr daneben gelten lassen, verträgt keine anderen Meinungen, da er sonst seinen Fokus verliert. Das sieht man oft in Gruppen, die an sich für sehr gute Dinge kämpfen, zum Beispiel in vielen kirchlichen Erneuerungsbewegungen. Die Mitarbeiter dieser Bewegungen können aber oft nichts anderes daneben gelten lassen, nichts anderes auch gut finden, weil sie Angst haben, dass sonst alles, wofür sie selbst einstehen, verwaschen wird und sie ihre eigene Kraft verlieren.

Der Krieger hat die stärkste Lebensenergie der Archetypen. Er weiß, dass ihm nur kurze Zeit vergönnt ist und lebt daher sehr intensiv, sehr bewusst und spürt jeden Augenblick. Er gibt auch nicht so leicht auf, selbst wenn die momentane Situation triste oder gar aussichtslos erscheint. Einer meiner Neffen war mit 12 Jahren an Knochenkrebs erkrankt und hat während der Zeit der Krankheit in bewundernswerter Weise seine Krieger-Energie mobilisiert. Er hat die Krankheit bekämpft, sich dem Kampf gestellt und ihn mit Mut, Ausdauer und Zähigkeit geführt. Durch alle Tiefs hindurch hat er nie aufgegeben und so den Krebs besiegt.

Der reife Krieger steht auch nach vermeintlichen Niederlagen wieder auf, kämpft weiter, solange noch eine Aussicht auf Erfolg besteht. Er gibt sich erst geschlagen, wenn die letzte Schlacht vorbei ist. Die nordamerikanischen Indianer waren – so wird erzählt – solche starken und edelmütigen Krieger. Sie sollen mit den Worten

„Heute ist ein guter Tag zum Sterben" in den Kampf gezogen sein.

Da der Krieger die stärkste Energie hat, ist er übrigens auch jener Archetyp, mit dem die meisten Männer beginnen, dem sie am Anfang fast den gesamten Raum geben. Magier und Liebhaber kommen erst später, wenn der Krieger kleiner wird, und den König aktivieren die meisten Menschen zuletzt. Robert Moore sagt sogar, dass es unmöglich ist, den König annähernd gut integriert zu haben, bevor man über 50 ist. In einem Urlaub in Tunesien war für mich diese Diskrepanz jedenfalls stark spürbar: Die jungen Männer allesamt wilde unbändige Krieger, immer gleich am Kämpfen, immer misstrauisch und auf der Hut. Die alten Männer hingegen wahre Könige, gütig, weitherzig und tolerant, mit lächelnden Augen – obwohl natürlich auch sie spürbar Krieger-Energie besitzen, aber eben in reifer, geläuterter Form.

Schauen wir uns aber nun die dunklen Pole des Kriegers an. Je nachdem, ob wir die Krieger-Energie aktiv oder passiv verzerren, sind der Sadist oder der Masochist in uns aktiv.

5.2. Der Sadist –
der aktive dunkle Krieger

Der Sadist kämpft überall, er kann gar nicht mehr anders. Ich habe mehrere Kollegen, die in dieser Weise agieren. Da wird sofort auf alles geschossen, was sich bewegt, wird mit wilden Anschuldigungen herumgeworfen, jeder aggressiv angegangen, alles sofort schlecht gemacht und abgestritten. Permanent wird gekämpft, ohne Rücksicht auf Verluste, auf Sinnhaftigkeit und Wert des Kampfes. Eigentlich kämpfen sie um des Kampfes willen – sie können gar nicht mehr anders kommunizieren. Bei einem ist sogar, wenn er versucht, nett zu sein, sein Ton eine Zumutung. Solche Krieger hinterlassen eine Spur der seelischen Verletzungen hinter sich, die sie den anderen zugefügt haben.

Gerade junge Männer sind sehr gefährdet, vom Sadisten beherrscht zu werden. Denn erstens will und muss man sich als junger Mann sein Reich erkämpfen, muss seine Grenzen ziehen, sich behaupten und durch Siege und Niederlagen reifen – dazu braucht man viel Krieger-Energie, die dann leider allzu leicht übermächtig wird. Und zweitens hat man oft keinen reifen König, der dem Krieger die richtigen Ziele zeigt – weder im Freundes- und Bekanntenkreis und schon gar nicht in sich selbst.

In dem Film „Falling Down" spielt Michael Douglas so einen Mann, der immer mehr vom Sadisten geführt wird, weil er keinen guten König hat, der ihn leitet. Ausgehend von einem harmlosen Stau, in dem er steckt, beginnt er auf die Situationen, in die er gerät, immer maßloser und sadistischer zu reagieren, bis er – nachdem er mehrere Menschen ermordet hat – selbst erschossen wird.

Wenn wir uns umschauen, aber auch uns selbst anschauen, so sehen wir sehr viele Männer, die sich immer wieder vom dunklen Krieger verleiten lassen. Ein unreifer Krieger gerät leicht auf die dunkle Seite, weil er meint, unbedingt ein Held sein zu müssen. Die Gefahr dabei ist, dass er für sich selbst und nicht für die Sache kämpft, dass er die Energie des Kriegers nicht nutzt, um die Geister in sich zu unterscheiden, sondern sich damit von den Menschen trennt.

Junge Helden kämpfen oft drauf los, wollen möglichst schnell voran kommen und merken überhaupt nicht, dass sie im Ganzen gesehen der Sache – und damit letztlich auch sich selbst – schaden. Ich habe in meinem Arbeitsleben einige Gruppen erlebt, wo die Mehrheit der Mitarbeiter nach dem Motto gearbeitet hat: „Wir haben das gemacht – ob Du's brauchen kannst oder nicht, oder ob es Dir sogar schadet, ist nicht so wichtig – Hauptsache, wir haben wieder was vorzuzeigen."

So mancher Kampf, den der Sadist ausficht, wird bis zum Schluss durchgezogen, auch wenn das Ziel gar keinen Sinn mehr hat oder verschwunden ist. Er kann nicht mehr aufhören zu kämpfen, weil er nicht verlieren kann. Dass er nach dem Sieg das, was er da erkämpft hat, gar nicht mehr haben will, ist unwichtig. Wichtig ist nur, gewonnen zu haben, egal um welchen Preis.

Es gibt viele Männer, die auch auf diese Art um ihre Beziehung kämpfen. Sie sind natürlich nicht glücklich, selbst wenn sie gewinnen und ihre Partnerin aufgibt, doch wenigstens haben sie nicht verloren. Was diese Männer nicht bedenken, ist, dass sie vielleicht diese Schlacht gewonnen haben, doch im darauf folgenden gemeinsamen Leben sind beide Verlierer. So kenne ich die Geschichte eines Mannes, der seit zehn Jahren mit seiner Frau kein Wort mehr spricht. Zu allen anderen Menschen ist er freundlich und liebevoll, daheim hingegen herrscht Totenstille. Er würde jedoch nie und nimmer auf die Idee kommen, einer Scheidung zuzustimmen, denn dann wäre er ja der Verlierer....

Manchmal ist der Sadist auch dann in uns am Werk, wenn wir für andere kämpfen. Wir meinen es zwar eigentlich sehr gut, übersehen aber, dass wir den anderen zwangsbeglücken und er das Ziel, das wir für ihn zu erkämpfen versuchen, gar nicht haben will. Viele Eltern, die ihre Kinder ganz früh in eine sportliche Karriere drängen und ihnen dabei oft ihre Kindheit stehlen, sollten sich zum Beispiel die Frage stellen, ob es wirklich das ist, was ihr Kind will. Aber auch sonst, wenn wir für andere kämpfen, ist die Frage nach dem Wohl derer, für die wir in die Schlacht ziehen, berechtigt. „Das Gegenteil von gut ist gut gemeint", sagt ein weiser Ausspruch.

Besonders schlimm ist es, wenn unreife Krieger in Königsrollen gesteckt werden. Sie spüren instinktiv und oft unbewusst, dass sie eigentlich Königs-Energie hergeben müssten und täuschen diese dann meist durch Arroganz und gespielte Autorität vor. Ich habe immer wieder

Berater von Management-Consulting-Firmen erlebt, denen man dort offensichtlich einimpft, dass sie als Gurus auftreten müssten. Bei der Gage, die sie kosten, ist es zwar fast verständlich, dass ihre Firma ihnen das sagt. Das Problem ist jedoch, dass die meisten noch lange keine Autoritäten sind. Und da beginnt das Dilemma. Das Gleiche passiert aber auch, wenn man jemand zum Gruppen- oder Abteilungsleiter macht, der mit dieser Königsrolle noch nicht umgehen kann, und man ihn damit alleine lässt. Wenn der Krieger nicht lernt, mit seiner Macht umzugehen, wird er sie missbrauchen. Auch wer Angst vor der Macht anderer hat, kann meistens mit seiner eigenen Macht nicht umgehen.

Ein guter, reifer Krieger kann hingegen bestens im Team kämpfen. Mit den anderen Schulter an Schulter, feuert er sie an, hilft ihnen, wenn sie in Bedrängnis geraten und stellt den Gesamterfolg über sein Einzelergebnis. Im Unterschied dazu ist der Sadist eher ein Einzelgänger. Wenn er doch Mitkämpfer hat, dann ist er ihnen gegenüber genauso hart und brutal wie zu seinem Gegner. Das sind dann jene Männer, die ihre Mitstreiter beim geringsten Fehler niederbrüllen und keine Gelegenheit auslassen, um selbst einen Teilerfolg zu landen, auch wenn dieser den Gesamterfolg schmälert oder gar verhindert.

Ein anderes „Schlachtfeld", auf dem man in der heutigen Zeit sehr oft den Sadisten am Werk sieht, ist der Straßenverkehr. Immer öfter hat man das Gefühl, hier wird um jeden Meter gekämpft und die anderen Autofahrer sind keine Menschen, die ebenfalls sicher von A nach B wollen, sondern Feinde, die rücksichtslos besiegt werden müssen. Es gäbe sicher viel weniger Unfälle, wenn wir es wenigstens teilweise schaffen würden, die negative Krieger-Energie aus dem Verkehr herauszuhalten.

Am stärksten kommt der dunkle Krieger aber über uns, wenn wir gleichzeitig Angst haben und wütend sind. Er kann uns dann nahezu wie im Blutrausch agieren lassen. Wir schlagen wie blind um uns, fühlen uns in die Ecke gedrängt und kämpfen quasi ohne Bewegungsfreiheit mit dem Rücken zur Wand, ohne Rücksicht auf Verluste. Wir kommen überhaupt nicht mehr dazu nachzudenken, Strategien auszuarbeiten und den Sinn und das Ziel des Kampfes im Auge zu behalten.

Die Ergebnisse solcher „Blutrausch-Kämpfe" liest man dann in der Zeitung: der Prinz, der in Nepal die gesamte Königsfamilie und sich selbst umgebracht hat, weil sein Vater der Hochzeit mit seiner Geliebten nicht zugestimmt hat; der Börsenmakler, der in den USA seine Frau, beide Kinder und acht Angestellte einer Wertpapierhandelsfirma erschossen hat, weil er nach einem Aktienverlust nicht mehr weiter wusste; der Baggerfahrer in Deutschland, der das Haus seiner Freundin niedergerissen hat, weil sie ihn verlassen hat – sie alle haben so wie Tausende andere nicht mehr weiter gewusst. Sie fühlten sich in der Ecke an die Wand gedrängt und haben sich von ihrer Angst, ihrer Wut und ihrer Aggression, eben vom dunklen Krieger übermannen lassen und blindlings zugeschlagen. Doch es passiert – Gott sei Dank – nicht immer dermaßen drastisch und endet in einem wirklichen Blutbad. Viel, viel öfter passiert es im Alltag, dass der dunkle Krieger uns blind macht – in kleinen Szenen, die

dann eskalieren. Ich kann mich noch gut an eine Bege-
benheit erinnern, wo es mir so gegangen ist:

Ich hatte damals – es ist schon längere Zeit her – mit
einem Ohr mitgehört, wie mein Chef einem jungen Kollegen sagte, dass der Computer eines Projektmitarbeiters
Probleme mache und was man denn dagegen tun könne
— ob nicht vielleicht er und mit meiner Hilfe... Irgendwie ist da bei mir eine Sicherung durchgebrannt. Ich war
sowieso schlecht aufgelegt, wollte unbedingt eine bestimmte Arbeit erledigen und kam dabei aber nicht wirklich weiter. In meinem Kopf rasten die Gedanken: „Aus-
gerechnet jetzt kommen solche blöden Störungen und das
auch noch hinter meinem Rücken. Und außerdem – wieso
müssen immer wir bei Problemen herhalten, die uns eigentlich gar nichts angehen? Das kostet mich wieder einen halben Tag, weil unser neuer Kollege noch keine
Ahnung auf dem Gebiet hat! So werde ich nie mit meiner
Arbeit fertig...“ – und schon war ich mitten im wilden
Streit mit meinem Chef – der nebenbei bemerkt einer
meiner besten Freunde ist.

Ich argumentierte herum, ohne viel nachzudenken —
nur getrieben von meinem Zorn über die Zeit, die wir
verlieren würden, und der Angst, dass ich wieder nicht
weiterkäme. Und so hatte ich mich immer mehr in einen
Wirbel hineingeredet, bis ich – mit Glück, wohl aber
auch, weil ich mich zu diesem Zeitpunkt bereits mit den
Archetypen beschäftigte – plötzlich bemerkte, was da eigentlich in mir vor sich ging. Da holte ich dann tief Luft,
sagte zu meinem Chef, dass wir über das Thema reden
sollten, wenn ich besser gelaunt bin, schnappte meinen

Kollegen und konzentrierte meine Krieger-Energie darauf, das Problem schnell und sauber zu lösen.

Ein gutes Beispiel für dunkle Krieger sind auch die
vielen Workaholics und sogenannten Yuppies. Sie stek-
ken oft wie im Rausch ihre ganze Energie in die Arbeit,
gehen dabei bildlich gesprochen über Leichen und opfern
vieles oder gar alles ihrer Karriere – fast immer auf Kosten ihrer Persönlichkeitsentwicklung und meistens auch
noch auf Kosten ihrer Familie. Manche stecken ihre ganze Energie in den Kampf am Arbeitsplatz, weil sie allen
anderen Kämpfen ausweichen wollen. Ich kenne Männer,
die sogar an Sonn- und Feiertagen und im Urlaub im Büro vorbeischauen, weil sie es zu Hause nicht aushalten
und nicht wissen, was sie mit ihrer Familie anfangen
sollen.

So können wir überall den Sadisten am Werk sehen.
Übrigens auch im Kampf gegen ihn, da man wird, was
man hasst. Ganz deutlich hat sich das vor einigen Jahren
bei der Diskussion um die Abtreibung in Amerika gezeigt. Da ist der Kampf gegen die als Mörder bezeichne-
ten Abtreibungsärzte so weit gegangen, dass ein Abtrei-
bungsgegner einen Arzt und einen Pfleger einer Abtrei-
bungsklinik erschossen hat. So schnell wird man vom
Beschützer des ungeborenen Lebens zum Mörder!

Der dunkle Krieger fühlt einen Hass auf alles Schwa-
che, auf Hilflosigkeit und Verletzlichkeit. In Wirklichkeit
gründet sich diese Abneigung auf die eigene Schwäche
und Hilflosigkeit, die er aber nicht wahrhaben will. Ich
habe einen Bekannten, der alle, die nicht stark agieren

und auftreten, verachtet und bekämpft. Er tritt – verbal natürlich – um so fester zu, je mehr der andere Schwäche zeigt. Nur in ganz starker Bedrängnis kann er zugeben, dass er selbst schwach und ängstlich ist. Er merkt nicht, dass er die ganze Zeit eigentlich nur sich selbst bekämpft.

Ein besonders krasses Beispiel des völlig der dunklen Seite verfallenen Kriegers ist der Söldner, dem es egal ist, wofür er kämpft, welches Ziel angepeilt wird und ob es ein wertvolles oder ein abscheuliches Ziel ist. Ihm geht es nur mehr darum, kämpfen zu können, immer wieder die Legitimation zu haben, seinem Hass und seiner Wut freien Lauf zu lassen. Wenn der Krieger der dunklen Seite verfallen ist, zerstört er, um sich nicht selbst verändern zu müssen.

5.3. Der Masochist –
der passive dunkle Krieger

Der Masochist, der Mann ohne aktive Krieger-Energie, weiß nicht, wie er Schaden begrenzen soll. Er weiß auch nicht, wofür er kämpfen soll und so lässt er sich hin und her treiben, erduldet alles und engagiert sich nirgends. Er kämpft höchstens, wenn er sich in die Ecke gedrängt fühlt und wendet sonst die Taktik des passiven Widerstands an.

Besonders im Berufsleben finden sich solche Männer. Sie haben innerlich schon gekündigt, interessieren sich gar nicht für den Bereich, für den sie verantwortlich sind, und agieren nur, wenn Druck auf sie ausgeübt wird. Sie wollen ihre Arbeit nicht gut machen, sondern bloß Geld verdienen. Wenn du etwas von ihnen brauchst, dann helfen sie dir halbherzig, sind froh, wenn sie dich wieder loswerden und wieder in ihre Agonie zurückfallen können. Ich kenne jemanden, der auf seinem Schreibtisch einen Tagesfresser bis zu seiner Pension liegen hat – und das seit seinem vierzigsten Lebensjahr!

Männer, die aus der Energie des Masochisten leben, lassen sich sehr, sehr viel gefallen, bis sie wirklich zu kämpfen beginnen. Meistens schwappen sie dann von einem dunklen Pol des Kriegers zum anderen über und agieren als dunkler, sadistischer Krieger. Sie werden zum „Angstbeißer", verlieren jedes Maß und jede Angemessenheit, weil sie nie wirklich zu kämpfen gelernt haben. Oft agieren sie dann völlig unbeholfen und wissen nicht mit den ihnen zur Verfügung stehenden Waffen umzugehen. Sie vernachlässigen ihre Deckung und sind so ganz leicht zu besiegen.

Interessanterweise klagt die Mehrheit der Teilnehmer meiner Seminare über zuwenig aktive Krieger-Energie und darüber, dass sie eher auf der Masochisten-Seite stünden. Nach näherem Erzählen und Hinterfragen stellt sich dann aber oft heraus, dass sie doch viel kämpfen, ihre Krieger-Energie aber unreif und unerfahren ist und sie deshalb Sehnsucht nach dem reifen Krieger haben.

Ein Mann ohne Krieger-Energie ist antriebslos, fad und ohne Ziel. Auch die ewigen Jammerer fallen unter diese Kategorie: Männer, die sich immer und über alles beschweren, aber nie irgendeine Anstrengung zur Verbesserung ihrer Situation unternehmen. Sie sind gegen alles und jedes, haben aber nie Alternativen parat. „*Wie* man es machen soll, weiß ich auch nicht, aber *so* jedenfalls nicht!", hört man immer von ihnen. Oder aber sie suchen vor jedem solcherart aufzunehmenden Kampf Gründe, warum sie sich diesem Kampf nicht stellen müssen und warum eigentlich andere kämpfen müssen: Es sei doch gar nicht ihre Aufgabe, und es müsse doch der oder jener da etwas tun, weil geschehen muss natürlich etwas, aber sie seien nicht dazu berufen, selbst etwas beizutragen.

Der passive dunkle Krieger ist oft schon so ans Verlieren gewöhnt, dass er beim ersten Anzeichen eines heraufziehenden Kampfes gleich freiwillig das Feld räumt. Trotzdem wird er immer wieder von den Ereignissen überrascht oder gar überrollt. Kein Wunder, denn er sieht keinerlei Spuren, erkennt keine Zeichen und seine Wachsamkeit und seine Sinne lassen sehr zu wünschen übrig. Der Masochist tappt in jede Falle, die ihm gestellt wird und weiß schnell nicht mehr weiter, weil er keinen Plan erstellt hat. Meist reagiert er daher dann panisch, hektisch und wie ein „aufgescheuchtes Hendl".

„Ich schaffe das ja doch nicht", so meint der Masochist bei jedem Problem, und im Sinne einer selbsterfüllenden Prophezeiung hat er damit oft auch recht. Egal, an was man mit einer solchen Einstellung heran geht, meistens wird das Vorhaben scheitern. Oft scheitert es schon daran, dass der Masochist sich keine der vielen notwendigen kleinen Entscheidungen zu treffen traut, sondern wegen jedem noch so kleinen Mist zum König läuft.

Solche schwachen Krieger trauen sich auch an keinen Kampf heran, so wie zum Beispiel ein Bekannter, der sich standhaft weigert, mit den anderen um eine Lohnerhöhung zu kämpfen. „Das geht doch nicht! Wer weiß, dann schmeißen sie uns womöglich raus, und dann krieg ich vielleicht keinen Job mehr und woanders ist es doch auch nicht besser...", so lauten seine von Angst geprägten Argumente. Dabei ist er der beste Arbeiter der ganzen Gruppe!

Der Masochist bringt auch selten etwas zu Ende. Alles, was er beginnt, kommt über das Anfangsstadium nicht hinaus. Es wird bestenfalls halbfertig, da es ihm an Konzentration, Ausdauer und Zähigkeit, eben an echter

Krieger-Energie fehlt. Bei der ersten oder spätestens zweiten sich zeigenden Schwierigkeit gibt er auf. Schon gar nicht ist er in der Lage, die unvermeidlichen Durststrecken, die bei großen Aufgaben immer auftreten, zu überstehen ohne aufzugeben.

„Was kann ich schon bewirken?" ist der Leitspruch der schwachen Krieger. Und so können sie auch nie einen Schluss-Strich ziehen — keine noch so quälende Beziehung, keinen noch so demütigenden Arbeitsplatz verlassen. Masochisten sind oft die einzigen, die außer der Leibwache im Gefolge des Tyrannen zu finden sind, weil sie es nicht schaffen, zu gehen. Ich weiß schon, ich habe vorher gesagt, dass ein guter Krieger nicht aufgibt, doch erstens ist es ein großer Unterschied, ob ich unter etwas leide und leide und immer kleiner dabei werde, oder ob ich darum kämpfe, dass es besser wird. Und zweitens weiß ein wirklich guter Krieger auch, wann der Kampf um eine Sache verloren ist. Er weiß, wann er aufhören muss, mit allen Mitteln zu kämpfen, wann der Preis zu hoch geworden ist und der Rückzug und die Suche nach einem neuen Ziel an der Reihe sind.

5.4. Aufgaben zum Krieger

a) Beobachte eine Woche lang die Männer in Deiner Umgebung. Denke über die dabei erlebten Beispiele von positiver, sadistischer und masochistischer Krieger-Energie nach. Beurteile jedoch die Männer nicht danach und verurteile sie schon gar nicht! Auch sie sind, wie wir alle, auf dem Weg und kein Mensch kann immer rein aus der positiven Krieger-Energie leben.

b) Denke über Deine eigene Krieger-Energie nach. Hast Du zu viel oder zu wenig davon? Ist sie für Dich positiv oder negativ? Und wie ist sie für die anderen?

c) Erinnere Dich an eine Situation, in der Du ganz stark aus der negativen Krieger-Energie gelebt hast, und an eine, wo Du ganz stark aus der positiven Krieger-Energie gelebt hast. Beschreibe beide Situationen, vor allem, was Du gefühlt hast und warum Du so gehandelt hast. Halte fest, was Dir das für heute sagen kann.

d) Erstelle eine Liste mit allem, wovor Du Dich fürchtest. Da Angst nahezu immer zur negativen Krieger-Energie führt, betrachte diese Liste Punkt für Punkt mit den Augen des archetypischen großen Kriegers.

6. Die Magier-Energie

© Stephen Gambill

6.1. Der Magier –
die reife Form des Archetypen

Wir wenden uns nun jenem Archetypen zu, in dessen Zeitalter wir leben – dem Magier. Lange Zeit haben wir über den Magier gelächelt, haben wegen unserer Wissenschaft und unserer hohen Technologie geglaubt, dass wir ganz anders sind als unsere Vorfahren. Wir haben dabei übersehen, dass es gerade die Magier-Energie ist, die unsere Zivilisation antreibt, uns forschen lässt, und der wir zum Großteil unsere Errungenschaften verdanken.

Der Magier ist der Archetyp des Lernens, des Lehrens und des Forschens. Er ist Wissender und Gebieter über die Technologie. Gleichzeitig ist er Eingeweihter und hat die Aufgabe einzuweihen. Der Magier ist immer dann in uns aktiv, wenn wir etwas Neues lernen, es untersuchen und zu verstehen versuchen. Wir leben aber genauso aus seiner Energie, wenn wir lehren, wenn wir unser Wissen an andere weitergeben und sie einweihen in die Geheimnisse eines Wissensgebietes. Er ist der Teil in uns, der uns drängt, mehr zu wissen, und der Teil, der uns drängt, unser Wissen weiterzugeben. Er ist auch der Teil in uns, der durch sorgsame und einsichtsvolle Überlegung und Abwägung aller Für und Wider Entscheidungen vorbereitet.

Wenn sich ein guter Magier einem neuen Gebiet widmet, so vertieft er sein Wissen immer mehr und holt von vielen verschiedenen Quellen Informationen ein. Er bleibt nicht bloß an der Oberfläche, sondern geht in die

Tiefe, in die Details, verschafft sich andererseits aber auch Hintergrundinformationen, die sein Bild von dem Forschungsgebiet abrunden. Er wird hellhörig und auf alles aufmerksam, was in das untersuchte Fach fallen könnte. Er trachtet immer danach, eine Sache aus mehreren Blickwinkeln zu betrachten. Er sucht Alternativen und bewertet sie, geht über die reine Logik (die eher die Domäne des Kriegers ist) hinaus, holt andere Meinungen ein und schafft so echte, gesicherte Entscheidungsgrundlagen.

Der Magier ist aber nicht nur der Archetyp des Wissens, sondern vor allem auch der Weisheit und der Seelenkenntnis, der inneren Transformation. Er ist der Teil in uns, der Weisheit besitzt und keine einfachen Antworten. Er holt statt dem „Entweder-oder" ein „Sowohl-als-auch" ins Bewusstsein. Er hält uns offen für die Dinge, die wir nicht sehen können. Er schafft Weite und Offenherzigkeit, versetzt uns manchmal in Trance und gibt uns unsere Visionen. Er ist der Teil in uns, der uns unseren Glauben gibt. Der Raum hat für das, was wir nicht beweisen können. Er verschafft uns Zugang zu den inneren Energien, zu der Weisheit unseres Unbewussten und zu den Kräften, die Gott in uns verborgen hat. Er ist sich der schöpferischen Kraft des Geistes bewusst und weiß auch damit umzugehen.

Ich habe bereits erwähnt, dass wir im Zeitalter des Magiers leben. Dies stimmt in zweierlei Hinsicht – einerseits ist die rapide fortschreitende Technologie und Forschung auf der Magier-Energie gegründet, andererseits entdecken aber auch viele Menschen ihre Sehnsucht nach der weisen und nach der heilenden Magier-Seite, wie der immense Erfolg der Esoterik und die Wiederentdeckung alter Naturheilmethoden, der Mondphasen-Zeitpunkte und viele andere Beispiele zeigen.

Leider machen viele Menschen bei diesen, grundsätzlich oft sehr guten Bestrebungen zwei Fehler: Erstens vergöttlichen sie die Magier-Energie, verwechseln sie mit Gott und übersehen dabei, dass Gott uns noch andere, genauso wichtige Energien geschenkt hat. Und zweitens versuchen sie – wie es unserer heutigen, schnelllebigen und oberflächlichen Zeit entspricht – den langen, mühsamen Weg zur echten Integration der Magier-Energie zu vermeiden und eine Abkürzung zu nehmen.

Darin gleichen sie jedoch dem Zauberlehrling, wie ihn Johann Wolfgang von Goethe in seinem gleichnamigen Gedicht so herrlich dargestellt hat: Er kann den Besen zwar zum Leben erwecken und ihn auch noch dazu bringen, Wasser zu holen, aber weiß dann nicht, wie er ihn stoppen soll. Er wird die Geister, die er rief, nicht mehr los, weil er die Abkürzung genommen hat und die Geister nicht wirklich beherrscht. Echte, weise Magier-Energie braucht Zeit zum Wachsen und Reifen und muss viele Prüfungen bestehen. Immer – egal was wir lernen – gilt der Weg vom Lehrling über den Gesellen zum Meister. Der echte Magier weiß, dass er diesen Prozess durchleben muss. Dazu gehört auch des öfteren ein Rückzug in die Stille, die Wüste, die Einsamkeit, wo Platz und Zeit ist, Erkenntnisse zu gewinnen, zu verdauen und reifen zu lassen. Wer stark aus der Magier-Energie lebt, der kennt die Kraft der Stille und weiß, dass sie eine starke Quelle ist, bei der man ausruhen und auftanken kann.

Ein reifer, guter Magier weiß, dass die, denen er etwas lehrt, ebenfalls den ganzen Weg gehen müssen. Er ist sich bewusst, dass er ihnen nicht einfach sein Wissen oder seine Weisheit vor die Füße kippen kann, sondern dass alles ihrer Situation und ihrem Aufnahmevermögen angepasst vermittelt werden muss. Ein Freund hat mich durch sein vorgelebtes Beispiel auf diesen Aspekt erst so richtig aufmerksam gemacht: Er lehrt einen östlichen Weisheitsweg und überlegt dabei immer, was er wem wie nahe bringen soll. Vor allem aber überlegt er, wie weit er gehen darf, ohne den anderen damit zu überfordern. Dadurch vermeidet er, dem Lernenden Weisheiten in die Hand zu geben, mit denen er noch nicht umgehen kann, denn durch deren Benützung könnte der Schüler im schlimmsten Fall sich und anderen sogar Schaden zufügen. Von der bekannten Psychoanalytikerin Ruth Cohn stammt der Ausspruch „Zuwenig geben ist Diebstahl, zuviel ist Mord."

Der Magier ist auch der Teil in uns, der uns dazu bringt, das zu sehen, was wir unterdrücken, verleugnen, was wir nicht wahrhaben wollen. Er ist dabei oft der Überbringer schlechter Nachrichten. Er hält uns einen Spiegel vor, zeigt uns unsere dunkle Seite und bringt unsere Illusionen zum Platzen. Der Magier ist der Psychotherapeut des Königs, eine Funktion, die bei jedem guten König ein Magier in der Gestalt eines Großwesirs, Sehers oder Hofnarrs innehatte – Merlin bei König Arthur ist hier ein Beispiel aus der Welt der Legenden. Der Magier ist der, der dem König sagt und oft auch als einziger sagen darf, was er falsch macht und dass er lange nicht so gut ist, wie er glaubt. Er bringt uns bei, demütig zu sein, lässt uns stolpern, wenn wir allzu hochmütig sind, und ist schuld an den sogenannten „Freudschen Versprechern", mit denen er uns zum Nachdenken oder zum Über-uns-Lachen bringt.

Mir passiert natürlich auch immer wieder etwas in der Art. Zum Beispiel haben wir in der Firma in meiner Gruppe einen Drucker, den wir alle gemeinsam benutzen. Einmal hat mich ein Mitarbeiter zu seinem Bildschirm gerufen, damit ich ihm bei einem Problem helfe. Wir haben also herumgesucht und plötzlich hat der Drucker begonnen, mit lautem Piepsen einen Papierstau anzuzeigen. Normalerweise geht dann der, der gerade druckt, hin und beseitigt den Stau. Doch damals hat es gepiepst und gepiepst – bis mir der Kragen geplatzt ist und ich laut gerufen habe: „Bring doch endlich den Drucker zum Schweigen!" Und dann ist mir siedend heiß eingefallen, dass ich der Schuldige war, dass ich einen Ausdruck gestartet hatte, bevor ich zu meinem Mitarbeiter gegangen bin. Ein kleines Beispiel, wie der Magier uns immer wieder von unserem hohen Ross holt.

Ohne Magier werden wir sehr schnell engstirnig, eingefahren, negativ konservativ. Doch wer seine Magier-Energie fließen lässt, wird sich selbst immer mehr erkennen, sein Leben immer besser verstehen und letztendlich zu Tiefen vordringen, die er am Anfang kaum erahnen konnte. Der Magier hat das geheime Wissen. Er kennt die Rituale, Heilkräfte und weiß Bescheid, dass da noch andere, verborgene Energien existieren. Er hat Zugang zu der Kraft der Symbole und weiß diese auch einzusetzen. Er erzählt uns heilende Geschichten mit Tiefgang, sogenannte Märchen, die in Wirklichkeit Geschichten aus unserer Seelenlandschaft sind und uns auf viel mehr Ebenen als nur auf der des Verstandes ansprechen. Märchen lösen etwas in uns aus und bringen zum Schwingen, was zu unserer Ganzwerdung beiträgt.

Der Magier überbringt uns in Träumen Botschaften unseres Unterbewusstseins und lehrt uns Dinge, die wir tief in unserem Innersten schon wissen. Er hilft uns, dieses Wissen auch an die Oberfläche zu lassen. Er versteht es, zwischen den Zeilen zu lesen und auch die Sprache zwischen den Zeilen zu hören. Er kennt die Sprache des Körpers und die Sprache der Seele. Er spürt die Botschaften, die neben einem gesprochenen Satz auf anderen Bewusstseinsebenen mitgeschickt werden.

Es gibt unzählige verschiedene Zugänge zu dieser Seite der Magier-Energie. Jeder davon hat seine Berechtigung, seinen Wert und seine Besonderheit. Welcher Zugang für Dich passend ist, musst Du selbst entscheiden und erspüren. Ob es das Lesen von tiefenpsychologischen Märchendeutungen, eine bestimmte Meditationsform, das Beschäftigen mit Deinen Träumen oder einfach ein Schreibdialog mit Dir selbst ist, all das sind gute Wege um Deine Magier-Energie anzuzapfen und Dir nutzbar zu machen.

Interessanterweise ist mir damals vor dem ersten Seminar die Vorbereitung des Impulses über den Magier viel schwerer gefallen, als beim König oder Krieger, obwohl der Magier der Archetyp ist, der bei mir am stärksten aktiv ist. Er ist auch der Archetyp, der in der Fachliteratur am häufigsten auf mehrere aufgeteilt wird, wie zum Beispiel den Seher, den Narren, den Heiler, den Propheten usw. Ich habe längere Zeit nachgedacht, warum das so ist. Es ist sicherlich auch deswegen, weil es vom Magier so viele Facetten gibt. Der Hauptgrund scheint mir aber darin zu bestehen, dass der Magier in uns selten deutlich spürbar für uns selbst aktiv wird. Wir spüren ihn in uns weniger leicht, solange wir ihn nicht bewusst integrieren.

Viel deutlicher wird er für andere aktiv, vor allen Dingen wenn man erst beginnt, sich mit dem Magier auseinander zu setzen. Wenn wir jemandem etwas beibringen, aber auch wenn wir ihn beraten, sein Coach, Begleiter oder gar „Beichtvater" sind, dann ist es Magier-Energie, die fließt. Gerade als Magier sind wir besonders für die anderen aktiv und haben unter unseren Freunden und Bekannten einige, die uns – bewusst oder unbewusst – als Magier dienen. Wir fragen sie um Rat und Hilfe, bei ihnen weinen wir uns aus und verwenden sie als Reibebaum.

Wenn ich mich zurückerinnere, so bin ich seit meiner frühen Jugend da stark gefordert worden. Ob jetzt ein Freund Schwierigkeiten mit den Eltern, Probleme in der Schule oder Streit mit seiner Freundin gehabt hatte, immer war ich als Klagemauer, Berater und Vermittler gefragt. Eigentlich kein Wunder, dass ich sehr viel Magier-Energie in mir spüre. Und doch habe ich erst in den letzten Jahren gelernt, meine Magier-Energie auch für mich zu nutzen und meinen inneren Magier um Alternativen zu befragen, wenn größere Entscheidungen anstehen. Ich habe begonnen, auf ihn zu hören, wenn er mir etwas mitteilen will – sei es durch einen Traum, durch einen Freudschen Versprecher oder durch Gedanken, die plötzlich da sind, wenn ich spazieren gehe, laufe oder meditiere.

Durch all sein Wissen und seine Weisheit kann der Magier Heilung bringen. Er schafft einen heiligen Raum, einen Raum, in dem Verwandlung und Bekehrung stattfinden kann. Er hilft uns, unsere dunklen Seiten anzunehmen statt zu verdrängen und gibt uns dadurch die Chance, der zu sein, der wir wirklich sind. Er weist uns und den anderen den Weg und hilft, diesen zu gehen.

Der Magier ist der Archetyp der Besinnung und Reflexion. Er ist der Teil in uns, der dem Einzelnen und der Gemeinschaft Ganzheit und Fülle des Seins zurückgeben will und der uns nach Integration streben lässt. Er verschafft uns Zugang zu unseren inneren Kräften und stellt unsere Verbindung zum Unterbewussten genauso wie zum Übersinnlichen her. Er ist unser Kanal zu unserem wahren Selbst und auch zu Gott.

Auf einer Männerwoche in Hamburg habe ich vor vielen Jahren bei einem Heilungsritual zum ersten Mal erahnt, welche Kraft in uns verborgen ist. Dort haben sich immer ein paar Männer in die Mitte unseres großen Kreises auf den Boden gelegt und wir anderen haben ihnen die Hände aufgelegt. Wir haben versucht, ihnen Kraft zu

schenken, indem wir einfach bewusst unsere Liebe strö-
men ließen. Ich habe dabei als Empfänger, aber noch
stärker als Spender sehr, sehr viel Energie gespürt, die ich
vorher noch nie erfahren hatte. Ähnliches habe ich dann
noch oft erlebt und bin fest davon überzeugt, dass es gerade bei dieser Seite des Magiers besonders wertvoll ist,
sie in uns zu integrieren. Auf dieser Wirkung der Magier-
Energie basieren viele Heilmethoden wie zum Beispiel
Akupressur, Reiki und ähnliche.

Doch so gut und heilend echte Magier-Energie sein
kann, so existiert auch vom Magier eine dunkle aktive
und passive Seite: der gleichgültige Manipulant und der
verweigernde Ahnungslose. Leider ist es sehr leicht, auf
die dunkle Seite zu kommen, da der Magier durch seinen
gesuchten Rat viel Einfluss und Macht über andere besitzt, die zum Missbrauch verleiten.

6.2. Der Manipulant –
aktiver Schatten des Magiers

Der Manipulant zieht die Fäden, weiht nicht ein, sondern steuert die ihm Anvertrauten zu seinem eigenen Vorteil. Man sieht diese dunkle Seite des Magiers bei sehr vielen Managern. Sie spinnen Intrigen, streuen Gerüchte, spielen ihre Spielchen und taktieren hin und her. Sie haben pausenlos den Spruch vom „Wohl der Firma" auf den Lippen und wollen letztlich doch nur möglichst schnell eine steile Karriere machen. Sie gebrauchen ihre Weisheit nicht für die Heilung der Welt, sondern für die eigene vermeintliche Seligkeit.

Ein anderes Beispiel für den Manipulanten sind die selbsternannten Gurus, die ihre Jünger auf einen Weg mitnehmen, den sie im schlimmsten Fall selbst noch nicht kennen. Solche Magier lehren ihre gesamte Weisheit auf einmal, um gut dazustehen, denken aber nicht darüber nach, ob sie ihren Zuhörern damit helfen oder schaden. Sie gängeln ihre Anhänger, indem sie sie faszinieren bis sie ihnen hörig werden und nutzen sie dann meist finanziell ziemlich aus (siehe so manche Sekte). Im Extremfall kann das dann sogar bis zum kollektiven Selbstmord führen, wie es in den letzten Jahren öfter vorgekommen ist.

Der dunkle Magier ist in seine Ideen verliebt und glaubt, seine Weisheit sei sein Verdienst. Er meint, er sei das Zentrum des Universums und hebt sich selbst solange in den Himmel, bis er hart auf die Erde fällt. Um aus diesem Sturz etwas lernen zu können, aber auch um nicht sofort wieder abzuheben, braucht besonders der dunkle Magier die Hilfe eines anderen, guten Magiers. Dies gilt natürlich auch für positive Magier und so ist es unbedingt notwendig, dass Seelenführer immer selbst einen Seelenführer haben. In der Psychologie kennt man das Prinzip des Supervisors, aber auch alle anderen Berufe, die stark aus der Magier-Energie leben, sollten die Hilfe eines anderen Magiers bewusst suchen.

Wenn wir in der Rolle des Magiers für andere aktiv sind, so ist es wichtig, dass wir es bewusst tun, dass wir bei den Ratschlägen, die wir geben wollen, wirklich den anderen beraten und nicht im Hinterkopf an uns selbst denken. Gerade dabei fallen wir besonders leicht auf die dunkle Seite des Magiers, verfallen dem Reiz des Manipulanten.

Vor einiger Zeit habe ich öfter einen Kollegen beraten, der darüber nachdachte, seinen Job zu wechseln. Ich habe mich damals immer wieder bei der Versuchung ertappt, ihm die Nachteile eines Wechsels viel stärker darzulegen, weil sein Abgang für mich ziemlich hart gewesen wäre. Meine Magier-Energie war mir zum Glück schon bewusst genug, dass ich es einerseits überhaupt bemerkt habe und andererseits dieser Versuchung widerstehen konnte, wenn auch nur schwer. Ich konnte ihm ehrlich sagen, was meiner Meinung nach für ihn am besten ist, wobei ich aber auch offen dazu gesagt habe, dass ich da gegen meine eigenen Interessen rede.

Wenn wir andere beraten, so ist es übrigens genauso wichtig, scheinbar „dunkle" Wege ebenfalls zuzulassen und sie nicht von vornherein zu verdammen. Gerade damit helfen wir dem anderen oft am meisten, wenn wir ihm zeigen, dass auch Irrwege prinzipiell eine Möglichkeit sind, vielleicht nicht gerade die Beste, aber doch eine, die man nicht ausschließen muss, sondern andenken darf. Oft reicht schon dieses Andenken-Können, dieses Zulassen-Dürfen, um dem „dunklen" Weg seine Macht zu nehmen.

Vor einigen Jahren hat sich ein Freund bei mir ausgeweint, dass er seine Frau nicht mehr aushält, dass er so nicht weiter kann, dass er immer frustrierter wird und an nichts mehr wirklich Freude hat. Am liebsten würde er aufstehen und gehen, aber das kann er nicht, und so wäre es wohl am besten, wenn er tot wäre, dann wäre wenigstens alles vorbei.

Ich habe ihm lange zugehört und dann nur gefragt: „Ja, und warum gehst du nicht?" „Aber das kann ich nicht, ich wüsste doch gar nicht wohin! Außerdem will ich doch meine Kinder nicht verlieren und ich kann mir das doch auch gar nicht leisten! Aber gerade das macht mich so fertig, ich habe gar keine Wahl als zu bleiben", hat er mir geantwortet.

Ich habe ihm dann einige Möglichkeiten aufgezeigt, wie er doch gehen könnte, ohne deswegen gleich alles zu verlieren oder finanziell zugrunde zu gehen. Unter anderem habe ich ihm vorgeschlagen, dass er ja auch in der Nähe ein Zimmer mieten könne, das koste gar nicht so viel, und er könne so zuerst einmal probeweise eine räumliche Trennung versuchen.

Dieser Vorschlag hat ihm dann gezeigt, dass er doch noch Möglichkeiten hatte, dass er gar nicht so eingesperrt war, wie er meinte. Allein das Erkennen dieser Möglichkeiten hat gereicht, dass es ihm besser gegangen ist. Er musste sich gar nicht mehr von seiner Frau trennen, um wieder Leben in sich zu spüren und froh sein zu können.

Auch bei anderen bemerkt man natürlich oft, wie sich der dunkle Magier in den Vordergrund drängt. Immer wieder fällt mir bei Ratschlägen auf, dass da gar nicht das Problem des Ratsuchenden im Mittelpunkt steht, sondern vielmehr die – oft unbewussten – Ängste und Sorgen des Ratgebers. Zum Beispiel hat mich ein Kollege letztens bei einer Besprechung vehement verteidigt, obwohl da gar nichts zu verteidigen war. In Wirklichkeit hat er nämlich die Aussage, die über mich gemacht wurde – und aus meiner Sicht völlig in Ordnung war – unbewusst auf sich bezogen und sich angegriffen gefühlt. Und da er sich selbst nicht gut offen verteidigen konnte, musste er mich verteidigen.

Der dunkle Magier hält keine anderen Meinungen aus und versucht andauernd alle von seiner Meinung zu überzeugen, weil er sich selbst seiner Ansicht nicht sicher ist. Er erträgt die Konfrontation mit anderen Magiern nicht und zeigt sich oft engstirnig. Ich denke, wir kennen das alle – selbst bei positiven Dingen. Wenn wir etwas Neues, Tolles entdeckt haben, müssen wir das unbedingt gleich jedem erzählen und ihn am besten dazu bringen, dass er dasselbe empfindet. Wir wollen nämlich unsere Einstellung dadurch bestätigt sehen, dass wir alle anderen davon überzeugen können.

Als einer meiner Freunde von einem Cursillo (das ist ein Wochenendseminar einer Erneuerungsbewegung der christlichen Kirche) zurückgekommen ist, war er so begeistert, dass er andauernd davon erzählte. Er wollte jeden anderen davon überzeugen und auch hinschicken und hat erst damit aufgehört, als seine Familie gesagt hat: „Wenn du noch *einmal* das Wort Cursillo erwähnst, dann schreien wir". Es kann noch so gut sein, was wir erfahren und uns angeeignet haben – wenn wir die anderen damit überfahren, wirkt es abstoßend.

Auch beim Lehren in Kursen oder Seminaren kann man immer wieder die unterschiedlichen Magier sehen. Ein schlechter Magier präsentiert seinen Stoff so, dass ihm im Extremfall selbst fad dabei ist. Er hält keine Unterbrechungen und Zwischenfragen aus, kann niemanden begeistern und entsprechend bleibt nur wenig von dem, was er vorgebracht hat, bei den Leuten hängen.

Ein starker, reifer Magier hingegen schafft einen Raum und eine Stimmung, in der die Menschen aufnahmebereit sind. Er ist von seinem Thema überzeugt und begeistert, ohne dass er jedoch die anderen unbedingt überzeugen muss. Er spürt den Drang in sich, etwas von dem weiterzugeben, was er erfahren, erkannt oder gelernt hat. Er will anderen helfen, sie an seinem Wissen teilhaben lassen. Doch er zwingt ihnen seine Meinung nicht auf, sondern stellt sie anschaulich und anziehend dar. Dann überlässt er es jedem einzelnen, was er damit anfängt. Wahrscheinlich fallen jedem von uns bei der Erinnerung an seine Schulzeit sofort mehrere Lehrer ein, die sehr schlechte Magier waren. Und meistens gibt es da einen oder zwei, die ganz anders waren, bei denen echte, weise Magier-Energie spürbar war.

6.3. Der Ahnungslose –
passiver Schatten des Magiers

Wer gar keine Magier-Energie in sich spürt, also aus der Energie des Ahnungslosen schöpft, will die Verantwortung des Magiers nicht übernehmen. Er will nicht lehren, sein Wissen nicht weitergeben. Er verweigert die Schaffung eines heiligen Raums und will keine Selbsterkenntnis erlangen, ja, er blockiert sogar noch andere, um sich selbst zu rechtfertigen.

Wir brauchen sicherlich nicht lange nachzudenken, um einige solcher Männer aufzählen zu können. Männer, die jede Beschäftigung mit wissenschaftlich nicht genau erklärbaren Dingen ablehnen und völlig durcheinander kommen, wenn sie etwas nicht verstehen. Sie müssen für alles eine Erklärung finden, bezeichnen alles Übersinnliche als Hirngespinst und können kein bisschen glauben, dass in ihnen Energien verborgen sind. Sie verschwenden auch keinen Gedanken daran, wer sie sind und wer sie sein könnten. Im Gegenteil, sie machen sich über jeden lustig, der sich mit solchem „Schwachsinn" beschäftigt, und versuchen, ihn zu ihrer Oberflächlichkeit zu bekehren.

Solchen Männern fehlt jener Zugang zu ihrer Intuition, zu ihrer inneren Stimme, der den reifen Magier auszeichnet. Sie beachten die leisen Hinweise, Sehnsüchte und Warnungen nicht mehr, ja, oft haben sie diese schon so lange unterdrückt, dass sie sie gar nicht mehr hören können. Auf die Signale ihres Körpers reagieren sie missbilligend, denn schließlich hat der Körper ja nichts anderes zu tun als zu funktionieren. Deshalb wird er so schnell wie möglich repariert und die Hintergründe der Erkrankungen ignoriert – so lange, bis das durch die Schwere der Krankheit absolut unmöglich geworden ist. Viele Geschichten, Romane und Filme handeln von Männern, die die Zeichen ihres inneren Magiers nicht erkennen können oder wollen. Doch dadurch lässt sich der Magier nicht zum Schweigen bringen. Stattdessen setzt er immer deutlichere Zeichen, bis er uns im schlimmsten Fall durch eine Katastrophe wachrüttelt. Im nachhinein wundert man sich dann oft und schüttelt den Kopf darüber, dass man nicht schon viel früher erkannt hat, worauf das Ganze hinausläuft. Bei anderen sieht man meist sehr gut, was los ist, aber bei sich selbst schaut man oft nicht hin.

Zu den Männern ohne Magier-Energie gehören auch jene, die sich wie ein Schaf leiten lassen. Sie glauben an alles, was ihnen vorgesagt wird, wollen jedes Gleichnis buchstabengetreu nachleben, hinterfragen nichts und spüren nie dem nach, ob und wie etwas auf ihre spezielle, besondere Lebenssituation anwendbar ist. Meistens vertreten sie dann die vorgekauten Positionen auch noch vehement weiter, ohne zu bemerken, dass all das so einfach nicht stimmen kann.

Männer, die aus der Energie des Ahnungslosen leben, schweigen auch betreten, wenn du ihnen von einem womöglich noch persönlichen Problem erzählst. Im Gegensatz zu Männern mit positiver Magier-Energie, die dir einen Raum eröffnen, in dem du offen und ehrlich über dein Problem reden kannst, wollen sie nichts damit zu tun haben, nicht damit konfrontiert werden und ihre Ruhe haben – Im besten Fall präsentieren sie dir nach einem kurzen „Ja, das ist schlimm" eine schnelle, oberflächliche Lösung und reden dann sofort von etwas anderem, weil sie es anders gar nicht aushalten. Der Ahnungslose verweigert auf diese Weise der Welt und vor allem sich selbst die heilende Magier-Energie.

Eine Berufsgruppe, bei der man diese heilende Magier-Energie heutzutage zum Großteil vermisst, sind paradoxerweise die Ärzte. Die Schulmedizin hat sich immer weiter von der Ergründung der Ursache und des Hintergrunds einer Erkrankung entfernt und sich zu einer reinen Bekämpfung der Symptome hingewandt. In vielen Arztpraxen wird man behandelt wie am Fließband. Davon, dass der Arzt sich Zeit nimmt für seinen Patienten oder gar auf dessen besondere Situation eingeht, kann meist keine Rede sein. So hat sich eine ganze Branche gewandelt vom weisen Medizinmann zum reinen Menschenmechaniker und Rezepteschreiber. Zum Glück gibt es da eine immer stärker werdende Gegenströmung der Alternativmedizin, die sich ganzheitlich um den Menschen zu kümmern versucht und sich an der Erhaltung der Gesundheit des Klienten orientiert, statt bloß an der Bekämpfung akuter Erkrankungen (ich will die großen Erfolge der Schulmedizin nicht schmälern, doch es ist halt nicht alles, immer nur Feuerwehr zu spielen, wenn es schon brennt). Vielleicht wäre es gut, wenn wir bei uns einführen würden, was im alten China gang und gäbe war: den Arzt zu bezahlen, solange man gesund ist, denn werde ich krank, hat er seine Aufgabe nicht erfüllt.

Übrigens verweigert auch die Kirche in der heutigen Zeit den Menschen die Magier-Energie. In der großen Angst, dass das, was die Priester tun, als Hokuspokus, Zauberei oder gar Scharlatanerie abgetan wird, hat sie den Priester immer mehr als König dargestellt, seine Königsrolle immer stärker betont und das Magische an ihm auf Königs-Energie umgedeutet. Auch ist sie immer mehr weggegangen vom „Sowohl-als-auch" hin zu „Entweder-oder"-Regeln. Damit hat sie sich sehr weit von dem entfernt, was eigentlich ihre Berufung wäre. Statt den Menschen Heilung zu bringen, ihnen Weite zu geben und den Raum für die Spiritualität zu öffnen, konzentriert sie sich meist darauf, noch mehr auf Dogmen einzuengen. Statt die Menschen dabei zu unterstützen, die Schattenseiten zu integrieren, hält sie sie dazu an, die Schattenseiten zu unterdrücken. So hat sie sehr viel an Kraft verloren: Ihre Rituale sind oberflächlich und ohne spürbare Bedeutung und aus befreienden Weisheiten sind weltfremde, buchstabengetreu einzuhaltende Gesetze geworden.

Doch dadurch fehlt den Menschen in der Kirche gerade die Magier-Energie, die sie sich dann anderswo suchen. Der Zustrom zu den Sekten und der große Erfolg der Esoterik rühren daher. Und es ist wirklich kein Wunder, dass ich vor einiger Zeit in einer Tageszeitung folgenden Satz lesen konnte: „Die Psychotherapeuten, die ja heute schon fast die Theologen ersetzen, ...".

6.4. Aufgaben zum Magier

a) Denke darüber nach, wer Deine Magier sind. Wer ist Dein Beichtvater, Berater, Coach, Reibebaum? Wie weit kann er Deine Ansprüche erfüllen?

b) Wie steht es um Deine Magier-Energie? Wie weit lebst Du aus ihr, aus Wissen, Weisheit, Spiritualität und den heilenden Kräften? Ist Dein innerer Magier gut, oder ist er ein Manipulant oder ein Ahnungsloser?

c) Halte einen Schreibdialog mit Deinem inneren Magier. Stelle ihm eine Frage zu einer anstehenden Entscheidung oder einer Situation, in der Du nicht so recht weiter weißt. Verwende zwei verschiedene Stifte, einen für Dich und einen für das, was Du für Deinen inneren Magier aufschreibst. Beginne den Dialog, indem Du ihn bittest, Dir zu helfen und ihm Deine Frage stellst. Schreibe dann mit seinem Stift einfach das nieder, was Dir spontan als Antwort einfällt. Dann nimm wieder Deinen Stift und setze den Dialog fort.

d) Versuche eine Woche lang verstärkt auf Deinen inneren Magier zu hören. Achte auf die Zeichen, die er Dir gibt, auf Signale aus Deinem Körper, auf Träume, plötzliche Einfälle, Freudsche Versprecher und ähnliches.

7. Die Liebhaber-Energie

© Stephen Gambill

7.1. Der Liebhaber –
die positive Form des Archetypen

Wir betrachten nun unseren letzten Archetypen, den Liebhaber. Mit ihm schließt sich der Kreis, denn er ist der Archetyp, der uns weg von unserem Ego hin zu den anderen ausrichtet. Der Liebhaber ist der Teil von uns, der alles in Liebe und Glück zusammenhält. Er ist der Archetyp der Sehnsucht, der Freude und der Sinnlichkeit. Ohne den Liebhaber gibt es nur Pflicht, dient alles nur einem bestimmten Zweck, gibt es keinen Platz für Gefühle. Ohne ihn sind wir nur „Funktionierer". Der Liebhaber scheut sich nicht, auch einmal die Grenzen zu überschreiten, Regeln zu brechen und sorgt so dafür, dass unsere Grenzen und Regeln nicht zu hart werden. Er sucht die Ekstase, ist aber auch bereit, den Preis dafür zu bezahlen.

Der Liebhaber liebt die schönen, die „nutzlosen" Dinge auf Erden: Musik und Tanz, Blumen und Tiere – lauter Dinge, die im Zweck- und Leistungsdenken der anderen Archetypen wenig Platz haben. Er geht verschwenderisch mit der Zeit um, riskiert es zu träumen, sich zu verlieren, den Kopf auszuschalten und sich ganz seinen Gefühlen hinzugeben. Er balanciert zwischen Ekstase und Unmäßigkeit und schafft damit den ganz wichtigen Ausgleich zu der stark kopflastigen Lebensweise, die die meisten von uns sonst haben.

Der Liebhaber tut vieles, was auch die anderen Archetypen tun würden, doch aus anderem Antrieb. Wenn der Liebhaber laufen geht, so nicht um seine Fitness zu steigern, sondern weil er es genießt, sich in der Natur zu bewegen. Wenn er ein Buch liest, so nicht um sich weiterzubilden, sondern um mit den Romanfiguren Abenteuer zu erleben. Wenn er Karten spielt, so nicht um zu gewinnen, sondern um Spaß zu haben.

Der Liebhaber ist der ewige kleine Bub in uns. Er gibt uns Humor, lässt uns Schabernack treiben, lässt uns lachen. Er bringt unsere Augen zum Glänzen, lässt uns Sehnsüchte verspüren und uns weich und empfindsam werden. Er ist der Teil von uns, der uns nach Sinnerfülltheit streben lässt und sensibel gegenüber allen auf ihn einströmenden Sinneswahrnehmungen ist. Er will berühren und berührt werden, sowohl körperlich als auch emotional. Und er will alles auskosten, alles wirklich schmecken, alles voll und ganz erleben, den Becher bis zur Neige trinken.

Der Liebhaber drängt uns, uns auch einmal zu verlieren, aufzugehen in unseren Empfindungen, Höhepunkte zu verspüren, in Ekstase zu geraten. Er empfindet aber immer auch den Schmerz, den Schatten der Freude, den schalen Geschmack, der nach Verblassen der Ekstase oft zurückbleibt. Wir kennen das wohl alle – wenn ein besonders schönes Erlebnis vorbei ist, passiert es oft, dass wir es festhalten wollen, ihm wehmütig nachtrauern und den Schmerz der Rückkehr ins normale Leben empfinden.

Ein Freund von mir hat das am Ende einer Männerwoche in Kärnten ganz treffend ausgedrückt: „Eigentlich will ich gar nicht nach Haus. Warum können wir nicht einfach alle hier bleiben?", hat er geklagt. Doch der Liebhaber in uns weiß, dass dieser Schmerz notwendig ist und weicht ihm nicht aus. Er kostet auch diese Seite des Lebens aus und versucht nicht, sie so schnell wie möglich loszuwerden. Auch andere negative Empfindungen und Strömungen in uns betrachtet er liebevoll, wohl wissend, dass auch sie zu uns gehören. Er hilft uns dadurch unsere Schattenseiten und die Schattenseiten der anderen in Liebe anzunehmen und nicht zu verdrängen.

Der Liebhaber in uns wird oft von einem Augenblick zum anderen aktiv, schenkt uns ein paar Sekunden voll Glück und Liebe und dadurch viel Kraft und Lebensfreude, die noch lange nachwirkt. Wir kennen auch das sicher alle: Wir sind gestresst oder frustriert, erschöpft oder aggressiv und plötzlich sehen wir etwas, das uns innehalten lässt, das uns die Schönheit der Schöpfung Gottes sehen lässt und uns ein paar Augenblicke froh und glücklich macht. Danach geht alles gleich viel besser.

Leider sind wir in solchen Situationen oft so übervoll mit der negativen Energie der anderen Archetypen, dass der Liebhaber ganz von ihnen verdrängt wird und nicht zu Wort kommen kann. Wir gehen dann mitunter an den schönsten Dingen vorüber, ohne sie überhaupt zu bemerken. Aber irgendwann schafft es der Liebhaber dann doch, bis zu unserem Bewusstsein durchzudringen. Dann zeigt er uns die Größe des Universums und durchbricht damit den Teufelskreis, in dem wir uns befinden. Das kann eine wunderschön erblühte Rose sein, ein Sonnenaufgang, ein schönes Bild, spielende Kinder oder ein herumtollendes Hundebaby – es gibt so vieles, was unserem Liebhaber gefällt. Oder er schenkt uns etwas, worüber wir herzhaft lachen können. Damit erlaubt er uns, uns dabei ganz gehen zu lassen, uns selbst und unsere Probleme im Lachen zu vergessen und nimmt uns so die Spannung, unter der wir gelitten haben.

Ohne den Liebhaber dienen die drei anderen Archetypen nur einem toten Vegetieren, denn erst der Liebhaber bringt uns eine elementare Lust auf das Leben. Er macht uns sinnlich, bewusst und sensibel. Er schenkt uns Freude am Leben, und zwar am körperlichen, echten Leben im Hier und Jetzt, ohne Umwege über den Kopf. Ich möchte hier auf einen vielleicht nicht ganz so offensichtlichen Unterschied zwischen Magier und Liebhaber hinweisen: Der Magier hört auf den Körper und in den Körper hinein, er empfängt und beachtet die Signale, die ihm das Unterbewusstsein über den Körper geben will. Der Liebhaber hingegen spürt den Körper. Er empfindet die Berührungen auf jedem Quadratzentimeter Haut und fühlt, was der Körper von der Außenwelt aufnimmt.

Der reife Liebhaber beherrscht die Kunst, im Augenblick zu leben. Er benutzt dazu alle Sinne, spürt alles, was ihn umgibt und auf ihn einströmt. Er riecht, schmeckt, sieht, hört und ertastet das Leben. Er richtet seine Aufmerksamkeit auf den Überfluss, nicht auf den Mangel. Er spürt dem nach und erfreut sich an dem, was gerade jetzt da ist und schön ist, so klein und so wenig das auch sein mag. Wie selten gelingt uns das! Wie oft schauen wir nur auf das, was wir nicht haben, was uns fehlt und beachten dabei gar nicht, was wir haben, egal wie schön und wertvoll es sein mag. Meist wird uns dieser Wert erst dann wieder bewusst, wenn die Gefahr droht, dass wir unseren Besitz verlieren könnten. Doch der Liebhaber weiß, dass es in Wirklichkeit kein Besitzen gibt, dass alles vergänglich ist. Deshalb erfreut er sich an dem, was da ist – jetzt, in diesem Moment.

Liebhaber-Energie ist die Energie der Lebendigkeit, Lebhaftigkeit und Leidenschaft. Es ist eine Energie, die aus dem Bauch und aus dem Herzen kommt und in dem Moment, wo sich der Kopf einschaltet, viel von ihrer Kraft verliert. Ein gutes Beispiel ist das Tanzen, bei dem man die Liebhaber-Energie fließen lassen kann: Du kannst dich gehen lassen, mit der Musik mitleben und sie über die Bewegung ausdrücken – sobald du aber anfängst zu denken, wie du dich bewegen sollst, hast du deine Geschmeidigkeit und Spontaneität verloren. Ein altes Sprichwort beschreibt diese Liebhaber-Energie mit den Worten: „Wem das Herz voll ist, dem geht der Mund über!"

Je mehr Lebensfreude und Leidenschaft du spürst, um so stärker ist der Liebhaber in dir aktiv. Was übrigens leider den Rückschluss zulässt, dass der Liebhaber in der heutigen Gesellschaft ziemlich schwach vertreten ist. Man sieht so oft Lustlosigkeit, Desinteresse und Trägheit statt Lebenslust, Hingabe und Lebendigkeit, dass es eigentlich erschreckend ist.

Gerade in dieser Hinsicht sollte der Liebhaber auch bei der Arbeit spürbar werden, was traurigerweise selten der Fall ist. Ich sehe wenig Männer, die ihre Arbeit lieben, die ihre Aufgabe mit Hingabe erfüllen. Bei kaum einem spürt man, dass er es gut machen will und die Arbeit nicht nur als Broterwerb sieht. Damit wir uns richtig verstehen: Ich spreche hier auf keinen Fall davon, dass wir alle Workaholics werden sollen – der Spruch „Ich arbeite, um zu leben" statt „Ich lebe, um zu arbeiten" hat auf jeden Fall Gültigkeit. Das heißt allerdings noch lange nicht, dass es richtig und gut ist, seine Arbeit nicht mit Liebe zu tun, sich überhaupt nicht mit ihr zu identifizieren. Schließlich verbringen wir einen großen Teil unseres Lebens in der Arbeit. Wenn wir dort lustlos und desinteressiert sind, dürfen wir uns nicht wundern, dass das auch Auswirkungen auf unser restliches Leben hat. „Ich arbeite, um zu leben" darf man nicht nur materiell sehen – eine Arbeit, die wir lieben, gibt uns auch viel Kraft zum Leben.

Der Unterschied ist mir erst vor kurzem wieder drastisch vor Augen geführt worden. Ich wollte mein neues Auto anmelden und bin zur Zulassungsstelle einer Versicherung gegangen. Es war Freitag 11 Uhr 35, geöffnet war bis 14 Uhr. Ich bin also hinein, habe freundlich gegrüßt und gesagt, dass ich ein Auto zum Anmelden habe – blankes Entsetzen auf dem Gesicht des Zuständigen. „Heute geht das aber nicht mehr, ich habe noch drei zu machen, die da liegen, und da sind sie viel zu spät dran, das schaffe ich nie, außerdem haben wir um 11 Uhr 30 Annahmeschluss. Was, im Internet steht das anders? Ja, das ist falsch, das habe ich eh schon zehnmal gemeldet. Nein, heute geht wirklich nichts mehr, keine Chance, ich habe so viel zu tun...." jammer, jammer und Mitleid heischende Miene des Versicherungsangestellten. Nach dem

Tipp eines Kunden bin ich dann zur 100 Meter entfernten Zulassungsstelle einer anderen Versicherung gegangen – und dort ist mir das genaue Gegenteil passiert. „Aber natürlich, gern, das haben wir gleich. Nein, wir nehmen nur Bargeld, aber gleich um die Ecke ist ein Bankomat, gehen sie ruhig hin Geld holen, ich erledige inzwischen das Schriftliche..... Na sehen sie, während sie beim Bankomat waren, habe ich alles fertig gemacht, sie brauchen nur noch hier zu unterschreiben. Vielen Dank, ein schönes Wochenende und viel Spaß mit dem neuen Auto!" Keine Frage, wer von den beiden mehr leistet – und genauso wenig eine Frage, wer von den beiden zufriedener und beschwingter heimgeht!

Der Liebhaber ist auch der Teil von uns, der wirklich genießen kann. Er kann anhand eines Blatts von einem Baum die ganze Schöpfung spüren, liebt Musik im Dunkeln oder Dinner bei Kerzenlicht und lässt uns innehalten, um an einer Rose zu riechen. Ich habe einmal beim Spazieren gehen eine kleine pelzige Raupe über den Weg kriechen sehen – einen „braunen Bären". Und wie ich ihn so beobachtet habe, hat er sich zu mir aufgerichtet und mir sozusagen „in die Augen geschaut". Ich habe da plötzlich eine wahnsinnige Liebe zur Schöpfung gespürt, die Weite des Universums erahnt, einen Moment Unendlichkeit erlebt – alles in diesem Augen-Blick. Oder ein anderes Beispiel, an das ich mich immer wieder erinnere: Im Urlaub in Tunesien sind wir bei einer Auto-Safari in einen starken Wolkenbruch gekommen. Und auch danach war der Himmel noch total schwarz und finster – bis auf ein kleines Loch in der dunklen Wolkendecke, durch das die Sonne geschienen hat. Jeden Sonnenstrahl konnte man sehen vor dem dunklen Hintergrund. Es war für mich wie ein Fenster zu Gott. Und jedes Mal, wenn ich eine ähnliche Wolkenformation sehe, denke ich an dieses Bild zurück.

Der Liebhaber strebt ästhetische Harmonie mit der Umgebung an. Er tut nichts achtlos, sondern genießt alles. Durch dieses intensive Erleben schenkt uns der Liebhaber Ehrfurcht vor den Dingen und Menschen. Ob das jetzt in der Sauna oder beim Rauchen einer Zigarre, ob es beim Wandern oder beim Essen ist – überall sieht man den deutlichen Unterschied zwischen Menschen, die etwas achtlos nebenbei tun, und jenen, die es wirklich auskosten und bewusst erleben. Als ich vor kurzem in der Sauna war, hat zuerst ein Mann einen Aufguss gemacht, indem er einfach ein paar Schöpfer Wasser auf die Steine geschüttet hat, dreimal das Handtuch geschwenkt hat, noch einmal den halben Kübel darauf geschüttet und sich dann hingesetzt hat. Den Aufguss danach hat ein Mann gemacht, der zuerst Frischluft hereingelassen hat, ein wohlriechendes Öl ins Wasser hineingegeben hat, ganz sacht und behutsam mit dem Aufgießen begonnen und sich dann immer mehr gesteigert hat. Bei ihm hat man wirklich gespürt mit welcher Hingabe, mit wie viel Liebhaber-Energie er diesen Aufguss zelebriert hat.

Dies ist übrigens der zweite Unterschied zwischen Magier und Liebhaber, der nicht so leicht erkennbar ist: Der Magier kennt die Rituale und vollführt sie so, dass wir den mystischen, magischen Hintergrund spiritueller Geschehnisse spüren und erahnen können. Im Gegensatz dazu zelebriert der Liebhaber weltliche Dinge, kostet sie durch besondere Achtsamkeit ganz aus und lässt uns so ihren Wert wirklich schätzen. In dieser Beziehung ist mein Liebhaber schon früh aktiv geworden und ich versuche ihn auch zu fördern. So habe ich mir zum Beispiel in Tunesien eine Wasserpfeife gekauft, weil durch die Zeremonie des Herrichtens – der Vorbereitung der Kohle, des Wartens bis die Kohle glüht und die Pfeife dann verwendet werden kann – das wirkliche Genießen des Rauchens stark gefördert wird.

Wenn wir kreativ sind, wenn wir künstlerisch unterwegs sind, ist ebenfalls der Liebhaber in uns aktiv. Bei künstlerischen Aktivitäten fällt es vielen sogar am leichtesten, den Umweg über den Kopf auszuschalten. So kann ich jedem nur empfehlen, sich kreativ zu betätigen, um einen Ausgleich zum Beruf zu schaffen. Ich habe durch einen Freund vor zehn Jahren begonnen, Schmuck, Spiegel und dergleichen in Tiffany-Technik zu entwerfen und herzustellen. Für die Bereicherung, die ich dabei erlebe, bin ich unendlich dankbar.

Übrigens schrecken gerade wegen all dieser bisher genannten Eigenschaften viele Menschen und Institutionen vor dem Liebhaber zurück: Weil er mit dem Chaos assoziiert wird, weil er nicht berechenbar oder vorhersehbar ist, weil er schamlos und lustvoll lebt. Gerade die Menschen, die den Liebhaber am dringendsten bräuchten, empfinden leider oft Neid oder sogar Angst vor ihm. Dies äußert sich meist besonders in jenem Lebensbereich, der fast gänzlich aus der Liebhaber-Energie gespeist wird: Der Sexualität.

Wer sich seiner Sexualität schämt oder ein schlechtes Gewissen deswegen hat, unterdrückt einen ganz wichtigen Bereich des Liebhabers. Der reife Liebhaber integriert seine Sexualität in sein Leben. Für ihn ist sie nicht etwas, was er hin und wieder oder auch öfter macht, sondern etwas, das er lebt, das Teil seines Lebens ist. Er weiß, dass auch bei der Sexualität kein Meister vom Himmel fällt und hört seiner Partnerin zu, fragt sie nach ihren Wünschen und Träumen. Der Liebhaber erlebt seine Sexualität als ganzheitlich, und so ist sie nicht mehr nur auf das Endziel, den Orgasmus, ausgerichtet, sondern ein Erlebnis, das er von Anfang an auskostet. Er muss auch nicht immer einen Orgasmus haben. Für ihn ist es genauso schön, der Frau, die er liebt, zuzusehen, wenn sie mit seinem Zutun einen Höhepunkt erreicht, und auf sie zu achten und sie zu beschützen, wenn sie sich in der Unendlichkeit verliert. Er ist auch in diesem Bereich seines Lebens achtsam und behutsam. Er schafft eine schöne Atmosphäre, einen Raum, in dem seine Partnerin und er sich wohl fühlen, in dem sie sich öffnen und ungeschützt zeigen können, in dem sie sich verlieren können. Er genießt den Sex, hier und jetzt, mit allen Sinnen und gemeinsam mit seiner Partnerin. Für ihn ist Sex etwas Wundervolles zwischen zwei Menschen und nichts, was man schnell im Finstern erledigt.

Eine gänzlich andere Facette des Liebhabers ist, dass er auch jener Teil in uns ist, der für unser soziales Engagement zuständig ist, der uns mit anderen mitfühlen und mitleiden lässt. Er schenkt uns Hingebung für andere, bringt uns dazu, dass wir uns um sie sorgen und nicht nur an uns denken. Wer sich schon einmal sozial engagiert hat, wer sich schon einmal eines anderen Menschen angenommen hat, der weiß, dass es letzten Endes mehr Kraft gibt, als es kostet – wobei es, wie immer, auch hier ein Zuviel gibt. Wer permanent nur Kraft hergibt, wird bald nicht mehr genug Kraft haben, um das, was als Geschenk zurückkommt, aufnehmen zu können. Doch die meisten Menschen sind nicht wirklich gefährdet, sich zuviel für andere zu engagieren – im Gegenteil!

Ein Bekannter ist einmal der Eingebung seines inneren Liebhabers gefolgt: Er ist abends am Schwedenplatz in Wien spazieren gegangen und hat dort einen Sandler in den Mistkübeln herumstochern sehen. Er ist spontan zu ihm hingegangen und hat ihm zwanzig Schilling in die Hand gedrückt. Der verdutzte Sandler hat ihn gefragt: „Warum machen s' denn das?" So sind die zwei ins Gespräch gekommen und schließlich hat mein Bekannter den Sandler zu sich nach Hause eingeladen. Der ist dann auch wirklich gekommen, hat gebadet, ein kräftiges Abendessen bekommen und beim Gehen hat ihm mein Bekannter noch ein großes Fresspaket mitgegeben. Diese Besuche haben dann jahrelang jede Woche stattgefunden, bis mein Bekannter ihn wegen einer schweren Krankheit nicht mehr empfangen konnte.

Sich um jemanden oder um eine gute Sache anzunehmen, dafür Sorge zu tragen, sich von sich selbst weg hin zu einem anderen zu wenden, integriert eine ganz wichtige Seite des Liebhabers. Leider gibt es aber auch vom Liebhaber eine aktive und eine passive dunkle Seite – den Süchtigen und den Impotenten, wie Robert Moore sie nennt.

7.2. Der Süchtige –
aktiver dunkler Liebhaber

Der süchtige Liebhaber geht in der Ekstase völlig auf. Er lebt nicht mehr in dieser Welt, kann keine Verantwortung mehr übernehmen und ist auch nicht bereit, Leid anzunehmen. Er will die Schattenseiten nicht mehr sehen, sucht dauernd Ablenkung vom Schmerz und ist pausenlos auf der Suche nach elektrisierenden Erlebnissen. Er braucht immer mehr Stimulation von außen, um seine Ekstase zu spüren und muss die Dosis ständig erhöhen.

Prominentestes Beispiel für den Süchtigen ist wohl James Dean, der – wie man so schön sagt – die Kerze an beiden Enden gleichzeitig abgebrannt hat. Aber auch unsere Spaßgesellschaft fördert die Sucht sehr stark – alles wird immer hektischer, kürzer und jeder muss bei den Trends mitmachen, die sich auch noch in immer schnellerem Tempo ablösen. Fürs Genießen bleibt da wenig Zeit. So hetzt der Süchtige von einem Ereignis zum anderen, kostet dabei aber keines wirklich aus, sondern ist mit den Gedanken schon beim nächsten, was er tun möchte. Er lässt auch nichts nachklingen, spürt seinen Gefühlen und Emotionen nicht nach und nimmt sich für nichts wirklich Zeit.

Einer meiner Freunde verbringt den Großteil seines Lebens so. Kaum zu einem Treffen im Kaffeehaus angekommen, erwähnt er schon, dass er in zwei Stunden wieder gehen muss, wird spätestens nach einer Stunde nervös und unruhig, und du kannst sicher sein, dass er bereits eine Viertelstunde vor Ablauf der selbst gesetzten Frist geht, weil er es einfach nicht mehr aushält.

Jedes Jahr gibt es in der kirchlichen Tradition die Fastenzeit, und die meisten Menschen denken dabei an weniger Essen. Doch Fasten heißt auch, die Dinge, die wir tun, wirklich zu genießen und auszukosten, da wir dann mit viel weniger zufrieden sind. Das Sprichwort „Weniger ist mehr" drückt das sehr treffend aus.

Es gibt viele Situationen, in denen wir aus der Energie des Süchtigen leben, wo wir etwas nicht mehr auskosten, sondern übertreiben und nur die Dosis erhöhen. Das erste Bier schmeckt herrlich, das zweite wunderbar, das dritte mag noch recht gut sein.... doch wozu wir das vierte, fünfte, sechste trinken, wissen wir oft selbst nicht. Genießen tun wir es jedenfalls nicht mehr wirklich. Ähnlich verhält es sich beim Essen, wo viele nur selten aufhören, wenn sie satt sind. Oder beim Einkaufen, bei dem es oft nur mehr um das Kauferlebnis geht und nicht mehr um das, was wir da eigentlich kaufen. Ich muss mich da selbst ziemlich an der Nase nehmen: Mir ist erst vor kurzem bewusst geworden, wie viele Dinge ich daheim habe, die ich aus einem Impuls heraus gekauft, aber noch nie verwendet habe.

Der Süchtige konsumiert nur und wird dabei immer gieriger. Er hat keine Ehrfurcht vor den Dingen und Menschen, sondern benützt alles. Er verliert sich völlig, ertrinkt in einem Meer der Sinne, wird ein Opfer seiner Sensibilität und ist ständig rastlos und auf der Suche. Er kann nichts loslassen, sondern muss alles haben, alles besitzen. Männer, die nichts wegschmeißen, herschenken oder weitergeben können, die alles übertrieben sammeln und horten, gehören da offensichtlich dazu. Auch jene, die zwar etwas Schönes besitzen, es jedoch nur anschauen und nicht benutzen aus Sorge, es sonst verlieren zu können. Ich habe vor Jahren einen Füllhalter geschenkt bekommen, den ich lange Zeit nicht benutzt habe, aus Angst, ihn unterwegs irgendwo liegen zu lassen. Nach Monaten ist mir dann klar geworden, dass ich von diesem wunderschönen Schreibgerät überhaupt nichts habe, da ich ihn ja nie benutze – und so habe ich ihn doch mitgenommen. Zwei Jahre später habe ich ihn verloren, wie befürchtet, doch diese zwei Jahre hatte ich mich täglich an ihm erfreut.

Auch Männer, die eine Geliebte und eine Ehefrau haben, sich nicht zwischen ihnen entscheiden können oder wollen, weil sie mit einer nicht genug haben und beide wollen, leben aus dieser Energie des süchtigen Liebhabers. Ein Bekannter von mir hat ein Verhältnis aufrecht gehalten, obwohl er es gar nicht mehr wollte. Er wusste schon längst, dass das nicht gut gehen kann, dass es nicht das Richtige für ihn ist und dass es nicht das ist, was er will – doch der dunkle Liebhaber war stärker. Mittlerweile ist genau das eingetreten, was er befürchtet hatte: er ist allein, hat beide, Ehefrau und Geliebte, verloren.

Der Süchtige versucht der Tatsache der Vergänglichkeit zu entgehen: Wenn etwas sehr schön war, muss es wiederholt werden, möchte er es unbedingt noch mal und noch mal genauso wieder erleben, damit er es doch festhalten kann. Abgesehen davon, dass man ein Erlebnis nicht wiederholen kann, weil es immer anders werden wird als die Male davor, nimmt sich der Süchtige damit auch noch viel von dem, was auf ihn zukommen könnte. Er ist besessen davon, den so schön erlebten Zustand zu reproduzieren und kann daher Neues gar nicht zulassen. Dazu gehören auch jene Männer, die eine Partnerschaft oder Ehe unbedingt und um jeden Preis aufrecht erhalten müssen, selbst wenn die Partnerin das gar nicht mehr will. „Natürlich will ich, dass du glücklich bist, und zwar mit mir" ist der Leitspruch mit dem sie ihren Anspruch geltend machen. Ihr wirklicher Beweggrund ist aber nicht Liebe, sondern die Partnerin besitzen zu wollen.

Der süchtige Liebhaber ist auch in jenen Männern aktiv, die sich in eine Traumwelt zurückziehen, sich der Realität verweigern und nicht mehr in dieser Welt leben, sondern pausenlos Luftschlösser bauen. Sie schweben von einem tollen Erlebnis zum nächsten: „Alles ist so wunderbar, alles so herrlich, es gibt keine Schattenseiten, es liegt nur an dir..." Diese Männer kehren dem Leid und Unrecht, das da ist und auch ein Recht hat, gesehen zu werden, den Rücken und ignorieren es. Egal, ob es ihr persönliches Leid, das eines einzelnen anderen oder das unserer gesamten Gesellschaft ist: Es geht sie, so scheint es, gar nichts an. Meistens sind es junge Männer, die diese Seite des Süchtigen leben. Die Hippies der 60er Jahre waren eine Strömung, die stark aus dieser Energie gelebt hat.

Doch auch in negativen Gefühlen kann sich der süchtige Liebhaber verlieren, sie übertrieben auskosten und sie endlos ausdehnen. Ein süchtiger Liebhaber, der den

Schmerz doch zugelassen hat – oft nur, weil er gar nicht mehr anders konnte – findet dann lange Zeit nicht wieder heraus. Er geht auch in diesem Gefühl völlig auf, zelebriert es und hört überhaupt nicht mehr auf, traurig zu sein. Auch einen Abschied kann er endlos hinauszögern und mit vielen, vielen Umarmungen und Tränen auskosten.

In seiner Sexualität ist der Süchtige ebenfalls maß- und zügellos. Entweder muss er möglichst viele Frauen „flachlegen", ist demzufolge ständig auf der Suche nach neuem „Frischfleisch", weil ihm nur das jeweilige erste Mal dieses elektrisierende Gefühl gibt, dem er ständig nachläuft. Oder er muss – wenn er länger mit einer Partnerin zusammen ist – mit ihr ständig Neues ausprobieren. Er hetzt dann von einem Orgasmus zum anderen, muss möglichst oft mit ihr ins Bett hüpfen und möglichst oft dabei „kommen", um seine ach so tolle Potenz immer wieder aufs Neue zu beweisen.

Eine andere Ausprägung des süchtigen Liebhabers leben jene Männer, die wirklich einer Sucht verfallen sind. Sie versuchen ihr Leid, ihren Stress, ihren Frust durch Drogen, zum Beispiel Alkohol, zu lindern und machen damit doch im Endeffekt alles nur schlimmer. Von Genuss kann da nach kürzester Zeit keine Rede mehr sein. Beim Rauchen oder Trinken ist es – zumindest für Außenstehende – ganz offensichtlich, dass der Süchtige ein Gefangener seiner Sucht ist, doch er ist es eigentlich immer. Er ist der von seiner Leidenschaft Getriebene, nicht mehr der, der sie erlebt.

7.3. Der Impotente –
passiver dunkler Liebhaber

Viel häufiger als der Süchtige ist bei den heutigen Männern die passive dunkle Seite des Liebhabers anzutreffen – der Impotente. Impotente empfinden das Leben kalt und leidenschaftslos, haben keinen Elan und sind träge. Sie haben Angst, sich gehen zu lassen, empfinden Scham vor Berührung und kennen keinen Enthusiasmus. Sie können sich an nichts erfreuen, spüren wenig von der Schönheit und Größe der Schöpfung und leben in einer grauen Welt. Ohne Liebhaber-Energie leben sie monoton ihren Alltag, vegetieren dahin und verfallen letztlich in Depressionen.

Der Impotente kann keine Begeisterung zulassen, schon gar keine Leidenschaft oder womöglich Ekstase, weil er da ja die Kontrolle über sich selbst verlieren könnte – und die ist ihm das Wichtigste. Alles muss über die Schaltzentrale des Kopfes gehen, nichts darf direkt erspürt, gefühlt werden. Alles muss auf seine Richtigkeit und Anständigkeit überprüft werden. Grenzen dürfen keine übertreten werden — darauf muss ständig geachtet werden, denn was würden wohl sonst die anderen sagen. Spontaneität ist so natürlich nicht drin. Deshalb wirkt der impotente Liebhaber auch immer sehr steif, unbeweglich und unnatürlich – meist mit einem leicht säuerlichen Gesichtsausdruck.

Der wahre Liebhaber in uns weiß: wenn du liebst, wirst du leiden. Das sind die zwei Seiten einer Medaille, die untrennbar zusammen gehören. Während sich der reife Liebhaber dem stellt und das Risiko eingeht, verdrängt der Süchtige den zweiten Teil und versucht krampfhaft, nur immer das Schöne zu erleben. Der impotente Liebhaber wiederum hat so große Angst vor dem Leid, dass er sich auch der Liebe niemals wirklich öffnet. Er bleibt immer auf Distanz und lässt sich nie voll auf eine Beziehung ein. Er versucht sich immer zu schützen, einen Panzer um sich zu bewahren und so sein verletzliches Inneres nie herzeigen zu müssen.

Wer keine Liebhaber-Energie spürt, kann keine Liebe weitergeben. Kinder von Männern ohne oder mit wenig Liebhaber-Energie sind besonders arm dran, da sie die Liebe ihrer Väter nie unmittelbar erleben. Sie werden nie umarmt oder gestreichelt und können sich nie an den Vater kuscheln. Eine Bekannte hat mir zum Beispiel erzählt, dass sie sich bis heute – sie ist Anfang 30 – danach sehnt, von ihrem Vater umarmt und richtig gedrückt zu werden. Sie hat Jahre gebraucht, um diese permanente Enttäuschung halbwegs zu verarbeiten. Aber auch von Männern habe ich in vielen Seminaren erzählt bekommen, dass ihr Vater ihnen plötzlich – so im zehnten oder zwölften Lebensjahr – keinen Kuss mehr gegeben hat und sie auch nicht mehr umarmt hat, sondern – „wie es sich unter Männern gehört" – ihnen nur mehr die Hand gegeben hat. Alle, die das erlebt hatten, waren sich einig, dass es eine schmerzvolle Entsagung war, die sie heute noch spüren.

Doch natürlich leiden auch die Partnerinnen von solchen Männern sehr darunter. Gerade ihren Partner will jede Frau doch berühren, und zwar nicht nur körperlich, sondern auch emotional. Sie will ihn spüren, will ihn ungeschützt sehen und erleben und von ihm das Vertrauen entgegengebracht bekommen, dass sie ihn nicht verletzen wird. Sie will seine Gefühle mit ihm teilen, will ihm Gutes tun, ihn fliegen lassen – aber der Mann ohne Liebhaber-Energie kann das alles nicht zulassen.

Der Impotente neigt zu einer stark kopflastigen Lebensweise. Er hat Angst vor seinen Gefühlen, will sie nicht aufkommen lassen, ja am besten gar nicht wahrnehmen. Vor Situationen, in denen solche starken Gefühle aufkommen könnten – womöglich gar noch negative – läuft er davon. Wenn er ihnen doch nicht ganz entkommen kann, so hält er sie möglichst kurz, um ja nicht die Fassung zu verlieren, wie zum Beispiel beim Abschied nehmen. Auch die Männer, die nicht weinen können, die Schmerz und Trauer nicht empfinden und schmecken können, gehören hier dazu. Schlimm, dass sie dieses Beispiel ja auch noch ihren Kindern vorleben und diese dann oft die Rolle des „gefühllosen Mannes" verinnerlichen. „Ein Indianer kennt keinen Schmerz" und „ein großer Bub weint doch nicht" sind zwei häufig gebrauchte Aussprüche, mit der Kinder auf die Seite des Impotenten gedrängt werden.

Die Sexualität des Impotenten ist, soweit vorhanden, etwas, das nur aus Notwendigkeit geschieht, als ob er seine Notdurft verrichten würde. Es geht dabei einzig und allein um seinen Orgasmus, und das so schnell wie möglich. Alles andere ist egal. Meist ist auch dieser Orgasmus nur etwas ganz Kurzes und ziemlich Oberflächliches, da er es sogar dabei nicht zulassen kann, wirklich die Kontrolle über sich aufzugeben.

Wer keine Liebhaber-Energie verspürt, der vertraut nur auf sein Wissen. Er gönnt sich nichts, was „keinen Sinn" hat und bringt sich so um die Schönheit der Schöpfung. Er hat letztlich das Gefühl, dass es nichts gibt, wofür es sich zu leben lohnt. Man erkennt solche Menschen oft an der leidenden oder angespannten Miene, an der Berührungsangst oder an der Leblosigkeit, mit der sie sich durch den Tag schleppen. Manchmal gibt es dann einen ganz kleinen Teil in ihrem Leben, den sie für den Liebhaber reserviert haben – so wie ein Kollege von mir, der nur dann aufzuwachen scheint, wenn er von seinem Hobby spricht. Den Rest seines Lebens verbringt er ohne jeden Elan.

7.4. Aufgaben zum Liebhaber

a) Versuche, für den positiven Liebhaber, für den Süchtigen und für den Impotenten je einen Vertreter zu finden, den Du kennst. Beschreibe genau, was Dich zu dieser Einschätzung gebracht hat. Beurteile oder verurteile die Vertreter der negativen Pole jedoch nicht! Denke stattdessen darüber nach, wodurch sie sich auf der Skala in Richtung des positiven Liebhabers bewegen könnten.

b) Betrachte Deinen inneren Liebhaber. Ist er zu groß oder zu klein? Ist er eher auf der Seite des Süchtigen oder des Impotenten? Gibt er Dir Energie, Lust und Lebensfreude?

c) Erstelle eine Liste mit allem, was Du so tust, und wie viel Zeit Du für jedes dieser Dinge aufwendest. Teile die Liste in Dinge, die Du gern tust und solche, die du nicht gern machst. Teile dann jene, die Du gerne tust, in solche, die Deinen Kopf beschäftigen und jene, die Du spontan, impulsiv, aus dem Bauch heraus und ohne Denken tust. Betrachte die einzelnen Rubriken und denke darüber nach, was Du verändern möchtest.

d) Spüre Deinem Umgang mit Deinem Körper und Deiner Sexualität nach. Suche Dir dazu einen Platz, an dem Du alleine und absolut ungestört bist. Nimm Dir genügend Zeit! Beginne bei Deiner Kindheit und gehe langsam über Deine Jugend bis zum heutigen Tag.

Sei Dir gegenüber ganz ehrlich, was Schamgefühle, Sehnsüchte, unerfüllte Wünsche und sexuelle Verletzungen betrifft. Jeder Mann hat viele davon. Wenn Du das Glück hast, dass Tränen aufsteigen, so lass sie fließen, denn sie waschen Deine Wunden. Trage alles vor den archetypischen Liebhaber und bitte ihn, Dir zu helfen, alles in Liebe anzunehmen.

Vertiefung des Zugangs

„ Man wird ausdauernder
für das tätige,
nach außen gerichtete Dasein,
wenn man sich
von Zeit zu Zeit
ganz in sich selbst
zurückzieht."

(André Maurois)

8. Das Zusammenspiel der Archetypen

Wie schon am Anfang des Buches gesagt, geht es beim Konzept der Archetypen nicht um die Feststellung, „ich bin ein ...", sondern darum, einen Zugang zu allen vier Energien zu finden. Jeder Mann hat einen inneren König, Krieger, Magier und Liebhaber. Diese sind verschieden groß, ihm unterschiedlich bewusst und werden mehr oder weniger positiv ausgelebt. Meist ist dies auch stark abhängig von der Situation, in der sich der jeweilige Mann befindet. Die Aufgabe besteht nun darin, zu jeder der einzelnen Energien einen bewussten Zugang zu finden, ihr Platz und Raum im Leben zu geben und aus ihr Kraft zu schöpfen, sie positiv auszuleben.

Ich muss hier noch einmal betonen, wie wichtig es ist, nichts zu beurteilen, zu verurteilen oder gar zu unterdrücken! Auch wenn Du bei einem Archetypen zeitweilig oder sogar immer aus der negativen Energie lebst, wirst Du die Situation nicht verbessern, wenn Du Dich dafür verurteilst. Im Gegenteil, mit ziemlicher Sicherheit wirst Du noch mehr auf der negativen Seite landen. Das ist ähnlich einer Mauer. Die geht auch nicht weg, bloß weil Du dagegen drückst. Und je stärker Du drückst, desto mehr Widerstand kommt (scheinbar) von der Mauer zurück. Der richtige Weg, damit umzugehen, wenn Du negative Archetypen-Energie in Dir spürst, ist, auch diesen Teil von Dir liebevoll anzunehmen. Es wird einen Grund und eine Berechtigung haben, warum Du so reagierst. Schau hinter die Kulissen, ergründe, warum Du aus der negativen Energie lebst. Lerne es zu verstehen und Dir zu verzeihen, damit ist der wichtigste Schritt zur reifen Energie des jeweiligen Archetypen schon getan.

Die einzelnen Archetypen sind keine Energien, die sich gegenseitig ausschließen, im Gegenteil: Jede braucht die anderen drei, um wirklich zur positiven, reifen, vollendeten Form zu gelangen. Der König benötigt die Hilfe der anderen Archetypen, damit er nicht auf die Schattenseite gerät. Ein König ohne Krieger, Magier und Liebhaber ist immer ein Tyrann oder ein Schwächling. Der König braucht den Magier, der ihm sagt, was er falsch macht, und ihm einen Spiegel vorhält. Der Krieger gibt dem König die Kraft, die geschaffenen Grenzen zu verteidigen und der Liebhaber schenkt ihm Demut und Mitgefühl. Ein guter König hat einen starken Krieger, einen mächtigen Magier und einen reifen Liebhaber als Gefährten.

Auch der Krieger braucht, um nicht zum Sadisten oder Masochisten zu werden, die Hilfe der anderen drei Archetypen. Wenn er keinen guten König hat, der ihn leitet und ihm Gesetz und Ordnung vorgibt, wird er nur für sich kämpfen. Ein Krieger ohne König oder im Gefolge eines dunklen Königs kann kein guter Krieger sein, da er nicht auf hohe, wertvolle Ziele ausgerichtet ist. Der Magier wiederum hält dem Krieger vor Augen, dass er selbst das ist, was er an anderen fürchtet. Er verhindert, dass der Krieger seine Ängste und Schwächen unterdrückt. Ohne Magier wird der Krieger auch blind für Alternativen. Der Magier steuert und kanalisiert die Kraft des Kriegers. Der Liebhaber schließlich gibt dem Krieger eine Ahnung der Größe und Schönheit der Schöpfung und eine Ehrfurcht vor allen Dingen. Er schenkt ihm Mitgefühl und Verbundenheit mit den Armen und Schwachen.

Ein Magier wiederum, der ohne einen König lebt, erhebt sich leicht selbst an die Stelle Gottes. Er hat keine Ideale, denen er folgt, sondern strebt nur nach Wissen und Einfluss. Der Krieger hilft dem Magier, nicht nur der ewige Nörgler zu sein. Der Magier braucht den Krieger, um nicht im Abwägen der Für und Wider stecken zu bleiben, sondern aus den vielen Alternativen eine Entscheidung zu treffen. Ohne Liebhaber schließlich hat der Magier viele Ideen, aber keine Hinwendung zu anderen. Der Liebhaber gibt ihm Zuneigung zu denen, die er lehrt, und hilft ihm, Geduld und Nachsicht mit ihnen zu haben.

Und wie alle anderen braucht auch der Liebhaber die Hilfe der restlichen Archetypen, um nicht auf die dunkle Seite zu geraten. Er braucht den König, um seine Grenzen zu erkennen und um Verantwortung übernehmen zu können. Der Krieger gibt ihm die Kraft und Spannung, sich nicht in der Ekstase zu verlieren und der Magier hilft ihm, vor lauter Enthusiasmus nicht blind zu werden und seine Gefühlsverstrickungen auflösen zu können.

In vielen Lebenssituationen leben wir auch nicht nur aus einer einzigen Archetypen-Energie, sondern es sind gleichzeitig mehrere aktiv. Wenn ich zum Beispiel Karten spiele, so ist sicher Liebhaber-Energie beteiligt. Aber wenn es sich nicht um ein reines Jux-Spiel wie „Schwarzer Peter" handelt, sondern um etwas, bei dem Erfahrung benötigt wird, dann ist auch Magier-Energie aktiv, und vielleicht – wie bei einem Wettkampf – sogar Krieger-Energie.

Da Du, lieber Leser, also alle vier Energien in Dir hast und sie auch brauchst, um ein ganzheitliches Mann-Sein leben zu können, ist es wichtig, sich nicht nur isoliert mit jedem einzelnen Archetypen zu beschäftigen, sondern auch auf ihren Anteil und ihre Größe im eigenen Leben zu achten. Ich schlage Dir dazu folgende Übung vor:

Schreibe Dir die einzelnen Archetypen in ihren drei Erscheinungsformen (positiv, aktiv negativ, passiv negativ, also z.B. König, Tyrann, Schwächling) in einer Liste auf. Dann überlege, wie viel Anteil jede Erscheinungsform in Deinem Leben hat. Da es sich, wie schon gesagt, um Mittel-, Anfangs- und Endpunkt auf einer kontinuierlichen Skala handelt, musst Du dabei natürlich in Bandbreiten denken, also wie oft bin ich eher bei dem oder eher bei dem. Finde heraus wie viel Prozent der König, der Sadist, der Magier, der Impotente usw. haben. Bedenke dabei, dass es auch von der jeweiligen Situation abhängt, ob es einem gelingt, positive Archetypen-Energie auszuleben, oder ob man auf der negativen Seite der Skala landet.

Meistens gerät man auf die dunkle Seite, wenn man mehr positive Energie aufbringen müsste, als man (momentan) zur Verfügung hat. Wenn zum Beispiel ein Kampf länger dauert, so wird es immer wahrscheinlicher, dass man die Grenze zum Sadisten oder aber zum Masochisten überschreitet, da einem die Kraft ausgeht. Je nach Veranlagung wird man entweder beginnen, umso wilder und verbissener um sich zu schlagen, um endlich

144

den Kampf zu beenden, oder einfach erschöpft aufgeben, ohne wenigstens einen guten Waffenstillstand ausgehandelt zu haben.

Es kann aber auch sein, dass man in einer Situation aus der falschen Archetypen-Energie lebt, zum Beispiel in einer Situation, in der Deine Krieger-Energie gefragt ist, weil Du Dich verteidigen solltest. Du aber lebst aus der Liebhaber-Energie, findest alles nicht so schlimm und erfreust Dich an Deinem Dasein, ohne zu merken, dass Dir soeben jemand in den Rücken fällt.

So hat jeder Archetyp in allen seinen drei Ausprägungen einen – wenn auch vielleicht sehr geringen – Anteil an Deinem Leben. Wenn Du Deine Liste so weit hast, dass sie für Dich stimmig ist, so schau sie Dir gut an. Vielleicht hilft es Dir auch, das Ergebnis zu visualisieren, eine Grafik mit den Anteilen zu zeichnen, oder eine „Archetypen-Torte", einen Kreis, den Du unterteilst, und wo die einzelnen Tortenstücke jeweils eine Energie repräsentieren und so groß sind, wie es ihrem Anteil entspricht.

Überdenke nun die einzelnen Anteile der Archetypen im Hinblick auf den Idealzustand. Dieser wäre erreicht, wenn alle vier annähernd gleich groß wären und Du nahezu nur aus der jeweiligen positiven Energie lebtest. Halte fest, wo Du etwas verändern möchtest: Welchen Archetypen möchtest Du generell fördern, weil er kaum Anteil an Deinem Leben hat? Wo möchtest Du einen bewussteren Zugang zur positiven Energie bekommen, weil Du zu oft die negative Seite auslebst? Welchen Archetypen willst Du etwas zurücknehmen, damit die anderen mehr Platz bekommen?

Betrachte Dein Ergebnis als Momentaufnahme, als etwas, das sich verändern lässt und auch verändern wird, als etwas, das im Fluss ist. Und sei Dir bewusst, dass Du beeinflussen kannst, wohin es sich entwickelt, ja dass Du alleine dadurch, dass Du Dir angeschaut hast, was Du verändern möchtest, diese Veränderung schon begonnen hast! Be- und verurteile Dich nicht, sondern anerkenne, was Du schon erreicht hast und geh weiter Deinen Weg!

In den folgenden Kapiteln findest Du Anregungen und Vorschläge, um die einzelnen Archetypen-Energien zu verstärken oder auf das für Dich richtige Maß zurecht zu rücken und um ihren positiven Anteil zu erhöhen. Sei nachsichtig mit Dir selbst und versuche nicht zu viel auf einmal! Das ideale ausgewogene Gleichgewicht zwischen dem positiven König, Krieger, Magier und Liebhaber zu erreichen ist eine Lebensaufgabe. Eine Aufgabe, für die Du Dein ganzes Leben brauchen wirst und auch brauchen darfst, denn für sie gilt: der Weg ist das Ziel.

9. Intensivierung der Energien

Es gibt viele Möglichkeiten, um einzelne Archetypen-Energien zu fördern und zu intensivieren. Und es würde den Rahmen des Buches sprengen, alle aufzuzählen. Ich möchte hier zu jedem Archetypen ein paar Anregungen geben und den Rest dann Dir, lieber Leser, überlassen, da es auch stark auf Dich ankommt, was für Deine individuellen Archetypen-Energien gut ist. Alles in diesem Kapitel sind Beispiele, die Dir Ideen liefern sollen und natürlich nicht eins zu eins auf Dein Leben passen werden. Sie können Dir aber Hinweise darauf geben, was für Dich richtig ist.

Um den inneren *König* zu fördern, ist es am wichtigsten, dass wir Ruhe und Gelassenheit finden. Wir erreichen das durch Vertiefung, und indem wir Abstand gewinnen, um aus der Distanz die richtige Größe von allem sehen zu können. Mir hilft dabei besonders, den Tag geruhsam und gelassen zu beginnen. Ich habe mich schon vor Jahren entschlossen, lieber eine halbe Stunde früher aufzustehen, und dafür morgens keine Hektik mehr zu haben. Ich lasse mir bewusst mehr Zeit als unbedingt nötig wäre, tue mir etwas Gutes und gehe den Tag langsam an. Wenn ich dann das Haus verlasse, bin ich ruhig und gelassen, denn der Tag hat gut begonnen.

Unser König wird umso größer, je größer und weiter unsere Grenzen gesteckt sind, je mehr wir gelassen annehmen und zulassen können. Diese Grenzen können wir erweitern, indem wir uns bewusst immer wieder auf fremdartige Dinge und Bräuche einlassen, Alternativen ausprobieren und neue Welten durchwandern. Ein gutes Beispiel zur Förderung der Königs-Energie ist die Veranstaltung „Dialog im Dunkeln", die ich vor einiger Zeit besucht habe. Dort wurde ich von Blinden in einer absolut finsteren Halle durch einen kleinen Garten, ein kleines Haus und über die Straße bis in eine Bar geführt. Ich war dort drin selbst blind und habe mit dem Blindenstock in der Hand eine andere Welt kennen gelernt. Mir hat diese Erfahrung gezeigt, dass auch die Welt eines Blinden schön sein kann. Sie hat mir ein gutes Stück weit die Angst vor dem Blindsein genommen und dadurch die Grenzen meines Königreichs erweitert. Ein anderes Mal habe ich einen Tandem-Fallschirmsprung gemacht, um auch hier mein Herz ein Stückchen weiter werden zu lassen – außerdem habe ich mir damit einen Jugendtraum erfüllt. Vor allem im freien Fall habe ich eine Ahnung von der Weite und Unendlichkeit der Schöpfung erlebt und eine Schönheit und Leichtigkeit gespürt, die ich nie vergessen werde.

Doch nicht nur bei besonderen Gelegenheiten, sondern auch im Alltag ist es gut, wenn ich hin und wieder innehalte und mir bewusst überlege, ob ich wie ein König, ein Tyrann oder ein Schwächling handle. Denn damit habe ich wieder einen Schritt in Richtung erweiterter Grenzen gemacht.

Wie aber können wir dem *Krieger* in uns seinen angemessenen Platz einräumen? Sehr wichtig ist, dass wir ihn einem guten König folgen lassen – sei es, dass unser eigener König bereits groß genug ist, sei es, dass wir in unserer Umgebung diesen König finden. Aber auch durch Übung in Selbst-Disziplin und Zielstrebigkeit kann man den Krieger fördern oder auf die richtige Größe zurückstutzen. Für die meisten Menschen ist Sport eine gute Methode, mit dem eigenen Krieger in Kontakt zu kommen. Bei den Ausdauer-Sportarten lernt man Geduld, Überwindung und eben Ausdauer, aber man findet auch innere Ruhe. Ich persönlich spüre gerade beim Laufen meine Krieger-Energie. Bei kämpferischen Sportarten, wie Tennis oder Squash, übt man hingegen Einsatz, Zielstrebigkeit, Schnelligkeit und Kampfeswille, lernt aber auch zu verlieren. Da meine Krieger-Energie zu groß war, diente die frühere wöchentliche Squash-Partie mit meinem besser spielenden Schwager immer auch zur Selbstbeobachtung. Es war eine gute Übung, mit meinem Zorn und dem Sadisten umzugehen, der in mir Platz ergreifen wollte, wenn ich schlecht gespielt habe.

Eine andere gute Möglichkeit, den Krieger positiv zu fördern, ist, sich bewusst Zeit zur Vorbereitung eines anstehenden „Kampfes" zu nehmen. Ein solcher Kampf mag ein unangenehmes Gespräch, eine zu erledigende Aufgabe oder eine schwierige Situation sein, die gemeistert werden will. Beginne damit, Dir das Ziel gut zu überlegen, lege Dir eine Taktik zurecht und arbeite eine Strategie aus. Kläre bereits vor dem Kampf, was die Folgen von verschiedenen Ausgängen – Sieg, Niederlage, Kompromisse – sein könnten, worauf zu achten ist und was die möglichen Alternativen sind. Und versuche dann während des Kampfes, immer wieder auf diese Vorbereitung zurückzugreifen. Doch meist macht bereits die Tatsache, dass man sich die Zeit zur Vorbereitung genommen hat, einen riesengroßen Unterschied in der Verfügbarkeit der positiven Krieger-Energie aus.

Und wie können wir unseren inneren *Magier* fördern? Ein guter Weg ist hier sicherlich die Auseinandersetzung mit spirituellem Gedankengut, mit uns selbst und unserem Unterbewusstsein. Allein dadurch, dass wir uns mit den Archetypen beschäftigen, haben wir bereits begonnen, den Magier in uns zuzulassen. Gut ist auch die Konfrontation mit anderen Kulturen und anderen Milieus, die unsere Voreingenommenheit und Engstirnigkeit verschwinden lässt, wenn wir uns ihr mit offenen Augen, Ohren und vor allem einem weiten Herzen stellen. Die heilende Seite der Magier-Energie können wir finden, wenn wir uns mit alten Heilungsmethoden beschäftigen. Ich habe vor einigen Jahren einen Akupressur-Kurs besucht und dadurch einen Zugang zu der heilenden Kraft in mir gefunden, den ich seitdem immer mehr intensiviere.

Da der Magier der Archetyp der Besinnung und Meditation ist, ist diese natürlich auch ein sehr guter Weg, Kontakt mit ihm aufzunehmen. Am Besten gelingt uns das durch Aufsuchen und Eintreten in den heiligen inneren Raum, den unser Magier bewohnt. Doch auch jede andere Art der Meditation fördert und stärkt unsere positive Magier-Energie. Und um den inneren Magier stark und reif werden zu lassen, ist es, wie schon gesagt, besonders hilfreich einen Seelenführer zu haben. Ich gehe zum Beispiel seit vielen Jahren im Abstand von drei Wochen zu einem Pater, der mein spiritueller Begleiter geworden ist. Jedes dieser Treffen tut mir sehr gut. Er hört mir zu, hinterfragt das, was ich ihm erzählt habe, und sagt mir, was es bei ihm ausgelöst hat. Er erweitert mein Blickfeld, indem er mich mein Leben durch seine Augen sehen lässt und eröffnet mir so zusätzliche Alternativen.

Eine weitere Möglichkeit ist, sich selbst zu hinterfragen: „Was steckt hinter meinem Taktieren? Warum will ich dies oder das erreichen? Handle ich wirklich auch zum Wohl der anderen oder nur zu meinem eigenen?" Sich eben immer wieder zu fragen: Handle ich bewusst oder lasse ich mich vom dunklen Magier leiten? – um so seinen Einfluss geringer werden zu lassen.

Und wie können wir dem *Liebhaber* in uns seinen Platz einräumen? Eine besonders gute Möglichkeit besteht darin, uns der Natur zuzuwenden: spazieren zu gehen, Sonnenuntergänge zu betrachten oder den Wald auf uns wirken zu lassen. Oder sich aktiv mit ihr zu befassen: zum Beispiel Blumen zu pflanzen und zu betreuen, sich Tieren zu widmen, mit ihnen Spaß zu haben oder sie zu beobachten und von ihnen zu lernen.

Um den Liebhaber zum Leben zu erwecken ist aber vor allem wichtig, dass wir Zeit für uns „verschwenden", Dinge um ihrer selbst Willen tun, ohne Ziel oder Zweck dahinter. Wir erreichen das durch Beschäftigung mit Kunst, Musik, Tanz oder ähnlichem, was unser Herz erfreut. Wichtig ist, es einfach zu tun, es zu genießen, sich daran zu erfreuen, statt es besonders gut lernen zu wollen und zur Perfektion zu treiben. Ich habe zum Beispiel vor sechs Jahren begonnen, Gitarre zu spielen, nicht zuletzt deswegen, weil ich dabei meinen inneren Liebhaber stärke. Ich spiele zwar nicht besonders gut und ich übe auch nicht allzu viel, doch es macht mir riesigen Spaß und eine große Freude. Es öffnet mein Herz und lässt meine Seele lachen, wenn ich spiele und singe.

Eine besonders wichtige Seite des Liebhabers fördern wir, wenn wir soziale Verantwortung übernehmen, uns sozial engagieren und etwas für andere tun. Gerade diese Energie des Liebhabers ist in der heutigen Zeit viel zu wenig zu spüren – ich kann es nicht oft genug betonen.

Wer hingegen zuviel Liebhaber-Energie in sich spürt, der muss lernen, wirklich zu genießen und nicht nur wie ein Schmetterling von einer Blume zur anderen zu flattern. Er muss lernen, nicht möglichst alle Reize auf einmal mitzunehmen, sondern die Zeit, die er am braucht, um sich ganz auf etwas einzulassen, am Platz zu bleiben.

10. Reisen zu den Archetypen

Eine ausgezeichnete Methode, die eigenen inneren Energien wachsen und vor allem auch reifen zu lassen, ist, die Archetypen selbst zu beobachten. Schau, wo und wie sie am Werk sind, folge ihren Spuren und habe teil an ihrer Energie. Hierfür gibt es mehrere Möglichkeiten:

Die wirkungsvollste ist, in Meditationen zum archetypischen König, Krieger, Magier oder Liebhaber zu reisen, eine sogenannte Phantasiereise anzutreten. Das gelingt auch dann recht gut, wenn man noch keinerlei Erfahrung in der Meditation hat, weil es eine ihrer einfachsten Formen ist. Du brauchst dazu nur einen guten Platz, an dem Du ungestört bist und Dich wohlfühlst, sowie etwas Zeit – so zwischen 15 und 30 Minuten.

Setz Dich aufrecht hin, und zwar so, dass Du längere Zeit verweilen kannst, ohne Dich zu bewegen. Gut ist auch – wenn man ihn beherrscht – sich in den Lotussitz zu begeben. Du kannst dich zwar auch hinlegen, das birgt aber die Gefahr des Einschlafens. Wichtig ist jedenfalls, dass Du gut geerdet bist, also einen guten Kontakt mit der Erde hast und dass Deine Füße gut und gerade aufliegen.

Deine Hände lege auf Deine Oberschenkel, am Besten mit der Handfläche nach oben in leicht schalenförmiger Haltung. Das ist ein Symbol dafür, dass Du bereit bist, etwas zu empfangen. Sodann schließe die Augen und konzentriere Dich zunächst auf Deinen Atem. Beobachte ihn, wie er ein- und ausgeht, in Dich hineinströmt und wieder aus Dir heraus. Alles, was Dich ablenken will,

lass einfach mit Deinem ausströmenden Atem ziehen.
Und wenn Du dann bereit bist, so begib Dich in Deiner
Phantasie auf die Reise zum archetypischen König, Krie-
ger, Magier oder Liebhaber:

*Besuche den archetypischen **König** in seinem Schloss:*
– Sei Gast bei einem seiner Feste
– nimm teil an einer Audienz
– spaziere mit ihm durch seine Burg
– reise mit ihm durch sein Land
– schau zu, wie er mit seinem Volk spricht
und beobachte, beobachte, beobachte.

*Begegne dem archetypischen **Krieger** am Lagerfeuer:*
– schau ihm über die Schulter, wenn er sich auf einen
  Kampf vorbereitet und eine Strategie ausarbeitet
– siehe zu, wie er mit seinen Waffen trainiert
– sei sein Adjutant bei einem Duell
– ziehe mit ihm in die Schlacht
und beobachte, beobachte, beobachte.

*Betrete den heiligen Raum des archetypischen **Magiers**:*
– sieh ihm zu, wie er sein Wissen vertieft
– sei Zeuge bei einem seiner Rituale
– folge ihm in die Welt des Übersinnlichen
– lerne von ihm die Sprache des Körpers
– empfange mit ihm die Kranken und erlebe, wie er heilt
und beobachte, beobachte, beobachte.

*Begib dich in den Garten des archetypischen **Liebhabers**:*
– tanze mit ihm
– betrachte die Blumen durch seine Augen
– spüre seine Begeisterung und Leidenschaft

– lass Dich von ihm hinreißen
– erfreue Dich an seiner Spontaneität und seinem Spaß
– erlebe seine Liebe zum ganzen Universum
und beobachte, beobachte, beobachte.

Am Ende Deiner Besuche bedanke Dich bei dem Arche-
typen und verabschiede Dich von ihm mit der Gewissheit,
dass Du jederzeit wieder willkommen bist.

Versuche nicht, möglichst viele verschiedene Situationen bei einer solchen Phantasiereise zu erleben, sondern mach Dich lieber öfter auf den Weg zu den Archetypen und achte mehr auf die Details, auf die Stimmung
und die Gefühle. Besonders günstig wäre es, wenn Du
Dir nach jedem Besuch notierst, was neu für Dich war,
was Du gelernt hast. Notwendig ist es aber nicht, denn
mit der Zeit wird deine Intuition auf jeden Fall durch diese Meditationen geschult.

Eine etwas andere Art, mit den Archetypen zu reisen,
ist, Geschichten und Märchen zu lesen oder Filme anzu-
sehen und dabei darauf zu achten, wie und durch wen die
einzelnen Archetypen repräsentiert werden. Ein Beispiel
dafür habe ich schon vorher erwähnt, nämlich den Film
„Der König der Löwen". Doch Märchen, Geschichten
und Filme gibt es viele, aus denen man etwas über die
Archetypen lernen kann:

Die erfolgreichste Film-Trilogie aller Zeiten, nämlich
„Star Wars – Krieg der Sterne" ist ein Heldenepos, in
dem alle Archetypen in den unterschiedlichsten Ausprägungen zu sehen sind. Der junge Held Luke Skywalker
wird von dem erfahrenen und reifen Krieger Obi-Wan

Kinobi in die Kunst des Kampfes eingeführt, der weise Magier Yoda lehrt ihn den Umgang mit der spirituellen Energie, die „die Macht" genannt wird, die Ewoks, drollige kleine bärenähnliche Wesen, verkörpern die Liebhaber-Energie – all das im Kampf gegen den großen Tyrannen, um dem Universum den Frieden zu bringen.

Ein anderer Film, der in wundervoller Weise alle vier Energien zeigt, ist „Der mit dem Wolf tanzt". John J. Dunbar, die Titelfigur, lässt sich auf einen einsamen Außenposten versetzen, wo er völlig alleine ist – nur in Gesellschaft seines Pferdes und eines Wolfs, der ihn täglich besuchen kommt. Nach einiger Zeit bekommt er Kontakt zu den in der Nähe lebenden Sioux und er lässt sich auf die Erfahrung ihrer für ihn völlig fremden Kultur ein: In Kontakt mit dem König der Indianer, ihrem Häuptling „Zehn Bären", begleitet von dem Magier und heiligen Mann „Strampelnder Vogel", in häufigem Kontakt mit „Lächelt viel", der ganz aus der Liebhaber-Energie lebt, und zuerst bekämpft und dann bewundert von „Wind in seinem Haar", einem starken Krieger, lernt John J. Dunbar die Indianer und dabei auch sich selbst immer mehr kennen. Er bekommt zusehends mehr Kontakt zu seinen inneren Energien, weitet sein inneres Königreich immer mehr aus und erhält von den Indianern den Namen „Der mit dem Wolf tanzt".

Neben den modernen Geschichten, wie sie uns im Kino erzählt werden, gibt es, wie gesagt, noch die klassischen Geschichten, die von Generation zu Generation weitererzählt wurden und die wir heute zu Unrecht in den Bereich „Kindergeschichten" verbannen. Gerade Märchen sind meistens reine Erzählungen aus der Welt der Archetypen, und daher können wir aus ihnen sehr viel lernen. Manchmal sind die einzelnen Archetypen in den Märchen recht einfach zu erkennen, manchmal ist es aber auch etwas schwierig – da hilft dann eine tiefenpsychologische Deutung. Bücher zu diesem Thema findest Du – wie übrigens auch zu den anderen Themen – in den Literaturhinweisen am Ende dieses Buches.

11. Querverbindungen

Um die archetypischen Energien immer mehr zu spüren und zu verstehen, ist es auch sehr hilfreich, sogenannten Querverbindungen nachzugehen. Eine davon ist zum Beispiel jene zu den „Krafttieren".

Ein Krafttier – dieser Begriff stammt aus der Spiritualität der Indianer – ist eine Tiergestalt, die Dir Kraft gibt, die Dir auf ihre Art und Weise Nachrichten aus Deinem Unbewussten bringt und Dich durch ihr Verhalten etwas lehren kann. Deine Krafttiere begegnen Dir in der Meditation, auf einer Phantasiereise in Deinem inneren Garten oder Dschungel, auf die Du Dich mit der Absicht begibst, Deinem Krafttier zu begegnen. Sei dabei offen für jedes Tier, das Dir auf dieser Reise begegnen mag. Oft sind die Attribute, die Du mit einem Krafttier verbindest, genau jene Bereiche, in denen Du etwas von ihm lernen kannst. Und genau darum geht es bei der Querverbindung zwischen den Archetypen und den Krafttieren.

Ich lade Dich ein, Dich auf mehrere Phantasiereisen zu begeben, immer mit der Absicht, das Krafttier Deines Königs, Kriegers, Magiers oder Liebhabers zu treffen. Wenn es nicht gleich klappt, sei nicht enttäuscht. Dann passt es offenbar noch nicht für Dich. Unternimm zu einem späteren Zeitpunkt einen neuen Versuch. Wenn Du den Krafttieren Deiner inneren Archetypen begegnest, dann beobachte sie. Frage die Krafttiere, was sie Dir mitteilen wollen und nimm ihre Antwort mit. Denke nach der Meditation darüber nach, was Dir das jeweilige

Krafttier gesagt hat und warum es wohl gerade dieses Tier ist, was Du von gerade diesem Tier über den jeweiligen Archetypen lernen kannst.

Das Krafttier meines Königs ist zum Beispiel der Adler, der König der Lüfte, der am höchsten fliegt und so über alles den Überblick bewahrt. Mein Krieger wird von einem schwarzen Panther begleitet, einer schönen, geschmeidigen Raubkatze, die viel Ausdauer, aber auch viel Kraft besitzt. Eine weiße Eule ist das Krafttier meines Magiers, sie strahlt enorme Weisheit und Erfahrung aus und kann selbst in finsterster Nacht noch sehen. Und mein Liebhaber wird von einem Schmetterling begleitet, der mit einer Leichtigkeit fliegt und in der Luft tanzt und die Blumen, die Tautropfen, die Sonne genießt.

Das mag jetzt für Dich alles anders sein und manches davon auch in der Realität so, wie ich es jetzt ausgedrückt habe, gar nicht stimmen. Doch für mich repräsentieren diese Tiere eben genau die genannten Eigenschaften – und nur das zählt in diesem Zusammenhang. Bei den Krafttieren, die Du für Deine inneren Energien findest, ist auch nur das entscheidend, was sie für Dich darstellen und Dir lehren wollen.

Ich gönne es mir auch immer wieder – und lade Dich ebenfalls dazu ein – mich in der Meditation in eines dieser vier Krafttiere zu versetzen, mich in es zu verwandeln. Und dann steige ich als Adler höher und höher, spüre als Panther meine Kraft in einem schnellen Lauf, blicke als Eule durch das Dunkel und fliege als Schmetterling auf einer wunderschönen Blumenwiese.

Eine andere Querverbindung, die das Nachspüren lohnt, ist die Beziehung der vier Archetypen zu den vier Elementen. Der König ist mit der Erde verbunden, er steht für das Geerdete, die Sicherheit, das, woher wir alles zum Leben notwendige bekommen. Das Element des Kriegers ist das Feuer, das gezähmt sehr wichtig für uns ist, uns wärmt, unser Essen kocht, uns Licht gibt und uns im Dschungel schützt – das aber gleichzeitig auch am leichtesten von allen vieren gefährlich werden kann. Es verschlingt und vernichtet alles, wenn es außer Kontrolle gerät. Der Magier wiederum hat eine starke Beziehung zur Luft. Dazu gehört auch alles Feinstoffliche, Geistige – alles was man nicht so leicht sehen und greifen kann, das uns aber umgibt und umhüllt und uns am Leben erhält. Das Element des Liebhabers letztlich ist das Wasser, das immer im Fluss ist, das uns erfrischt und labt, sei es als Getränk oder beim Bade. Es erfreut uns, wenn es als Bach dahin plätschert und begeistert uns als Wasserfall.

Vielleicht hilft es Dir, dem nachzuspüren, was die einzelnen Elemente für Dich bedeuten und welchem Du Dich am ehesten verbunden fühlst und welchem am wenigsten, vor dem Du den meisten Respekt hast – denn gefährlich können sie alle vier werden, eine negative Seite hat jedes von ihnen, so wie die Archetypen auch.

Eine dritte mögliche Querverbindung ist die zwischen dem Ausleben verschiedener Archetypen-Energien und dem, was Du dabei fühlst. Mir persönlich hilft gerade das sehr, möglichst bald darauf aufmerksam zu werden, wenn ich wieder einmal auf die dunkle Seite eines Archetypen zu geraten drohe.

Vertiefung des Zugangs

Wenn ich zum Beispiel in eine Situation oder Stimmung gerate, in der ich aus der Energie des Sadisten zu leben beginne, so spüre ich ein ungutes Kribbeln in der Magengegend, als ob ich eine leichte Magenverstimmung hätte. Mittlerweile weiß ich, dass ich mich dann nur vorsichtig auf einen Kampf einlassen sollte, da der Sadist Raum in mir eingenommen hat. Wenn ich hingegen keine Krieger-Energie mehr in mir spüre, dann habe ich ein absolut schlappes Ohnmachtgefühl. Dann fühle ich mich, als würde ich gegen Wattewände rennen. Wenn ich auf der Seite des guten Kriegers unterwegs bin, dann habe ich sehr viel Zuversicht und Vertrauen. Dann weiß und spüre ich, dass ich einen Sieg oder zumindest einen guten Kompromiss erzielen werde.

Ähnliche Gefühle kann ich auch den anderen Archetypen und ihren jeweiligen Ausprägungen zuordnen. Und Dir wird das ebenfalls gelingen, wenn Du Dich eine Zeitlang beobachtet hast!

Eine letzte Querverbindung, die ich hier anführen möchte, ist jene zur Bibel und zwar genauer zum Neuen Testament und zur Person Jesus Christus. Dabei ist es nicht wichtig, ob man an Jesus glaubt, die nach ihm entstandene Religion richtig oder falsch findet, oder meint, dass er nie wirklich existiert hat. Was im Zusammenhang mit den Archetypen für uns so interessant ist, ist, dass Jesus, so wie er in den Evangelien beschrieben wird, deutlich alle vier Archetypen-Energien ausgelebt und integriert hat:

Nehmen wir zuerst jene Stellen in der Bibel, die die *Königs-Energie* des Jesus von Nazareth zeigen. Da ist die

Szene im Sturm auf dem See, wo das Schiff unterzugehen droht und alle Jünger panische Angst haben (z.B. Matthäus 8, 23-27). Alle fürchten sich – Jesus schläft. Er weiß so gut, wer er ist in Gott, dass er selbst im stärksten Sturm Ruhe findet. Und als die Jünger ihn wecken, besänftigt er den Sturm und gibt ihnen Ruhe und Frieden.

Ein anderes Beispiel sind die Versuchungen in der Wüste (z.B. Matthäus 4, 1-11). Es sind dies die klassischen Versuchungen, denen jeder König ausgesetzt ist: „aus Steinen Brot zu machen" – also materiell unersättlich zu werden und das darüber Hinausgehende zu vergessen, „sich vom Tempel zu stürzen und von den Engeln auffangen zu lassen" – gleichsam sich aufzublähen und aller Welt zu zeigen, wie toll man doch ist, und letztlich „alle Reiche der Welt zu bekommen" – sprich alles an sich zu reißen und alles beherrschen zu wollen. Jesus widersteht diesen Anfechtungen, diesen dunklen Seiten des Königs und geht gestärkt und als echter König aus diesen Versuchungen hervor.

Ganz offensichtlich wird die Königs-Energie dann in seinen letzten Tagen. Beim Einzug in Jerusalem (z.B. Johannes 12, 12-18) wird ihm ein begeisterter Empfang bereitet. Da war es sicher leicht König zu sein. Doch auch bei Pilatus zeigt er Königs-Energie und keinerlei Angst. Auf die Frage „Bist du der König der Juden?" (Johannes 18, 33) stellt er zuerst eine Gegenfrage, verhört Pilatus quasi und fragt ihn, ob er das meint, oder ob er es bloß von anderen gehört hat – schließlich verspottet man einen König nicht. Dann antwortet er „Mein Reich ist nicht von dieser Welt", also kein materielles, und letztlich „Du sagst es, ich bin ein König." Selbst Pilatus erkennt dann, dass er hier wirklich einen Mann vor sich hat, der ein König ist.

Doch werfen wir nun einen Blick auf jene Situationen, welche die *Krieger-Energie* Jesu zeigen. Bei der Tempelreinigung (z.B. Matthäus 21, 12ff) ist der Krieger in Jesus ganz offensichtlich zu erkennen. Er kämpft vehement dafür, dass das Haus Gottes ein Tempel bleibt und keine Markthalle wird. Und er bittet nicht erst lange, sondern er ist impulsiv und wild, schmeißt alles um und die Händler im wahrsten Sinn des Wortes hinaus.

Bei einer früheren Gelegenheit sagt er seinen Jüngern klipp und klar: „Meint nicht, dass ich gekommen sei, Frieden auf die Erde zu bringen; ich bin nicht gekommen, um Frieden zu bringen, sondern das Schwert" (Matthäus 10, 34) und er trifft auch die klare und harte Abgrenzung „Wer nicht für mich ist, ist gegen mich" (Matthäus 12, 30). In seiner Zielstrebigkeit zeigt sich ebenfalls seine Krieger-Energie. Als er anfing, das Reich Gottes zu verkünden, ahnte er es vielleicht erst, aber bald schon wusste er, wohin ihn das führen wird – zum gewaltsamen Tod. Er hat es auch seinen Jüngern immer wieder prophezeit und es trotzdem bis zum Schluss durchgezogen. Er hat seinen Auftrag, zu dem er sich gesandt wusste, erfüllt.

Der *Magier* ist wiederum der Archetyp, der bei Jesus in den Evangelien am offensichtlichsten beschrieben wird. Ich möchte nur ein paar Beispiele herausgreifen: So wird in der Bergpredigt (Matthäus 5–7) bei Jesus die höchste Form des Magiers, der Prophet, ganz deutlich sichtbar. Er teilt sein Wissen und seine Weisheit zum Wohle der Menschheit mit und gibt einen Weg vor, eine Möglichkeit, das Leben zu meistern und zu Gott zu finden. Er fordert seine Jünger geradezu auf, selbst Magier zu sein. Wenn er sagt: „Ihr seid das Salz der Erde, ihr seid das Licht der Welt" (Matthäus 5, 13f), dann ist das auch eine Aufforderung dazu, zu lehren, Zugang zur inneren Weisheit zu finden und diese weiterzugeben, mit anderen zu teilen.

Die Magier-Energie in Jesus zeigt sich aber nicht nur durch sein Prophetentum, sondern auch durch die Art, wie er lehrt. Das Reden in Gleichnissen ist eine dem reifen Magier typische Art zu lehren, da dabei nicht nur oberflächliches Wissen, sondern sehr viel Emotion, Stimmung und Unbewusstes weitergegeben wird.

Die Heilungsenergie des Magiers wird in den Evangelien ebenfalls sehr ausführlich und oft beschrieben. Ein besonders schönes Beispiel finde ich hier die Heilung des Blinden (Johannes 9), wo Jesus nicht, wie bei anderen Heilungen, den Mann einfach gesund werden lässt, sondern die Gelegenheit nützt, um seinen Jüngern ein Beispiel zu geben. Er erläutert ihnen, dass niemand Schuld an der Blindheit des Mannes hat, vollzieht ein Ritual, indem er dem Blinden einen Teig aus Speichel und Erde auf die Augen streicht, und bringt noch ein weiteres Zeichen ein, indem er ihn zum Waschen schickt mit dem Wasser des Sees, der den Namen „der Gesandte" trägt.

Auch der *Liebhaber* ist bei Jesus in den Evangelien erkennbar – wenn auch nicht so überdeutlich wie die anderen Archetypen. Man sieht die Liebhaber-Energie zum Beispiel an seinem Umgang mit Kindern. Ganz besonders bei jener Gelegenheit, wo eine Horde Kinder zu ihm gebracht wird und seine Jünger versuchen, sie fortzujagen (Matthäus 19, 13-15). Wer jemals versucht hat, einer Horde Kinder in einem orientalischen Land zu entkommen, der weiß, welche Plagegeister sie sein können, und wird verstehen, dass die Jünger Jesus davor bewahren wollten. Er aber weist seine Jünger zurecht, lässt die Kinder zu sich kommen und segnet sie – was meiner Ansicht nach die fromme, theologische Umschreibung dafür ist, dass er mit ihnen gespielt hat, Spaß hatte und ihnen auf diese Weise seine Energie geschenkt hat.

Auch an seinem Humor erkennt man den Liebhaber in Jesus. Er treibt Wortspielereien, neckt seine Jünger auch ab und zu und gibt Simon Petrus den (Spitz-)Namen „der Stein" (Matthäus 16, 18) – wobei mir der Gedanke gefällt, dass er Petrus vielleicht erst so genannt hat, nachdem der beim Gehen auf dem Wasser untergegangen ist.

Das Mitgefühl, das Jesus zeigt, lässt ebenfalls seine Liebhaber-Energie deutlich werden. Er hat mit jedem Mitgefühl, der ehrlich zu ihm kommt — ganz egal welcher Religion oder welchem Stamm dieser angehört. Er weint um Jerusalem (Lukas 19, 41) und um seine Jünger, ja um die ganze Menschheit, weil er erkennt, wie weit sie sich von einander und von Gott entfernen.

Die Energien im Alltag

Die lästigen Kleinkriege
des Alltags
überleben wir am sichersten,
indem wir uns
nicht kleinkriegen lassen.

(Ernst Ferstl)

12. Innere Ratgeber

Wenn Du Dich eine Zeit lang mit den archetypischen Energien beschäftigt hast, wird es Dir immer leichter fallen zu erkennen, welche der vier Energien (Königs-, Krieger-, Magier- oder Liebhaber-Energie) gerade gefragt ist oder von Dir gefordert wird. Das ist natürlich noch nicht damit gleichzusetzen, dass Du dann auch weißt, wie Du reagieren sollst. Dies wird zwar durch die zunehmende Beschäftigung mit dem Thema einfacher, doch es wird immer Situationen geben, in denen Du nicht weißt, wie Du nun zum Beispiel Deine Krieger-Energie ausleben sollst.

Eine recht gute Hilfe ist, kurz innezuhalten und sich zu fragen, wie wohl beispielsweise ein guter Krieger jetzt an Deiner Stelle handeln würde. Stell Dir vor, dass da jetzt dieser exzellente Krieger an Deiner Stelle handelt und beobachte, was er tut. Noch besser ist es, wenn Du schon öfter in Phantasiereisen bei dem jeweiligen Archetypen zu Besuch warst und so eine bewusste Verbindung zu ihm aufgebaut hast. Dann kannst Du ihn ganz spontan und direkt fragen, was Du tun sollst und was er an Deiner Stelle tun würde. Du wirst seine Antwort in Dir hören und kannst ihr dann nachspüren und Dich entscheiden, ob sie für Dich passt oder nicht.

Je öfter man das tut, um so einfacher und schneller geht es: Ich bin mitten in einem Gespräch, plötzlich führt der andere einen Angriff auf mich aus und wirft mir etwas vor – was tun? Soll ich zurückschlagen, den Hieb parieren, ihm lässig ausweichen oder an meinem Schild abprallen lassen? Wenn ich es selbst nicht entscheiden kann oder will, so frage ich kurz den archetypischen Krieger – und schon pariere ich den Hieb und entwaffne gleich auch noch den anderen. Oder ich werde mit einer neuen Situation konfrontiert, die bis an die Grenzen meines Königreiches geht oder sie vielleicht sogar überschreitet – wie reagiere ich? Kann ich gelassen bleiben, weil es nichts ist, was mein Reich gefährdet? Muss ich klar und fest darstellen, dass das für mich nicht mehr tragbar ist oder schaue ich mir die Sache zunächst einmal näher an? Wenn ich nicht sicher bin, frage ich den archetypischen König – und spüre, dass hier jetzt ein klarer, fester Standpunkt notwendig ist.

Ich meine hier natürlich nicht, dass es notwendig ist, vor jeder noch so kleinen Handlung einen Archetypen zu fragen. Ich meine vielmehr die Situationen, von denen wir selber wissen, dass wir üblicherweise vorschnell handeln und hinterher unzufrieden damit sind. Und ich meine jene Situationen, in denen wir unsicher sind, wie wir jetzt reagieren sollen, weil wir nicht so recht weiter wissen. In beiden Fällen hilft es sehr, bewusst zu agieren statt zu reagieren und dafür eben den Rat der Archetypen in Anspruch zu nehmen. Auch dadurch lernen wir und stärken die positive Energie unseres Königs, Kriegers, Magiers und Liebhabers und vertiefen so unseren Zugang zu ihnen. Mit der Zeit werden jene Situationen, in denen wir den Rat der Archetypen brauchen, seltener, da unsere eigenen inneren Energien größer und reifer werden. Unser Zugang zu ihnen wird stärker und ihre Energien können in uns fließen.

Bei größeren Fragen oder Problemen reicht der kurze spontane Kontakt zu den Archetypen oft nicht aus. Dann ist der Besuch in einer Meditation der richtige Weg, um sie als innere Ratgeber zu befragen. Dabei nimmt man sich genügend Zeit, um sich die Situation in Ruhe zu vergegenwärtigen und sie den Archetypen vorzutragen. Man diskutiert mit ihnen und hört ihren Argumenten zu. Manchmal ist es dann auch notwendig, ihnen (und eigentlich damit sich selbst) Zeit zum Nachdenken und Überlegen zu geben, das Problem bei ihnen zu deponieren und sie um eine Antwort zu bitten.

Natürlich ist es besonders wichtig, danach auch aufzupassen, wann ich die Antwort übermittelt bekomme, denn das kann durch eine besondere Begegnung, durch etwas, das mir ins Auge sticht, durch eine Reaktion meines Körpers oder durch einen Traum sein. All diese „Verbindungskanäle" zu unserem Unterbewusstsein sollten wir dann besonders gut abhören, denn über sie werden wir die Antwort bekommen. Ich habe noch nie vergeblich um den Rat der Archetypen gefragt. Manchmal mussten sie sich allerdings stärker bemerkbar machen, weil ich sie anfangs einfach überhört hatte.

Je öfter wir unseren Energien in verschiedenen Situationen nachspüren, umso besser werden wir uns selbst und unsere Aktionen und Reaktionen kennen und verstehen lernen. Dann werden wir auch die Menschen um uns herum besser einschätzen und verstehen können und besser auf sie eingehen können: Wenn wir zum Beispiel die negative Energie in ihnen erkennen, die sie zu einer bestimmten Reaktion bringt, so können wir sie viel leichter abschwächen, ja oft sogar ins Gegenteil umkehren. Wenn ich bei einem anderen spüre, dass seine für mich völlig überzogene Reaktion aus der dunklen Krieger-Energie kommt, kann ich ihm helfen und die Situation entscheidend verbessern, indem ich ihm seine Angst nehme und Sicherheit, also Königs-Energie, gebe. Oder wenn ich spüre, dass er Schmerz verweigert, dass er in die Rolle des süchtigen Liebhabers flüchten will, kann ich ihm mit positiver Magier-Energie beistehen, seinen Schmerz auch auszuhalten.

Ich kann die Archetypen als meine inneren Ratgeber auch dazu befragen, was denn nun beim anderen fehlt, schief läuft und ihm dann ihre Antwort zur Verfügung stellen – wobei man immer darauf achten sollte, einen Rat zu geben und keinen Ratschlag. Denn auch Ratschläge sind Schläge und tun weh. Einen Rat gebe ich sehr behutsam und achtsam und derjenige, der den Rat bekommt, hat die völlige Freiheit damit zu tun, was er will. Im Gegensatz dazu wird ein Ratschlag sehr bestimmt, mit völliger Gewissheit und als absolute Wahrheit erteilt, wobei vom anderen erwartet wird, dass er sich gefälligst nach diesem Ratschlag zu richten hat. Die Antworten unserer inneren Ratgeber, der Archetypen, sind keine solchen Ratschläge, sondern lassen uns völlige Freiheit – genauso sollten wir sie auch weitergeben.

13. Management by Archetypes

Gerade im Beruf ist es sehr hilfreich, sich des öfteren zu fragen, wann, wo und wie denn nun welche Archetypen-Energie notwendig und förderlich ist. Ich nenne das *„Management by Archetypes"*. Schauen wir es uns anhand eines kleinen Beispiels an:

Stell Dir vor, Du hast in der Firma ein Projekt mit zwei Kollegen durchzuführen. Du leitest dieses Projekt nur mit positiver Archetypen-Energie. Zuerst richtest Du Dich und Deine Mitarbeiter auf die Ziele aus, triffst die anstehenden Entscheidungen und entwirfst einen Projektplan, den ihr gemeinsam verfolgt – das ist die positive Krieger-Energie. Du liest Dich in die Materie ein, besorgst für Deine Mitarbeiter die richtigen Kurse und Schulungen, holst unterschiedliche Meinungen ein, suchst verschiedene Lösungsmöglichkeiten und wägst sie gegeneinander ab – positive Magier-Energie. Du kümmerst Dich um Deine Mitarbeiter, schaust darauf, dass es ihnen gut geht und bist mit Begeisterung und Leidenschaft an der Verwirklichung des Projektes dran – positive Liebhaber-Energie. Und Du gibst ihnen Sicherheit und Halt, führst sie, indem Du ihre Stärken förderst und sie motivierst. Am Schluss des Projekts stehst Du hinter ihnen und streichst ihre gute Leistung heraus – positive Königs-Energie.

Und nun das selbe Beispiel mit negativer Archetypenenergie: Du bekommst die Aufgabe des Projektes, doch eigentlich regst Du Dich fürchterlich darüber auf, sagst auch Deinen Mitarbeitern, was für einen Mist ihr da wieder machen müsst und dass es eigentlich eh völlig egal ist, was dabei raus kommt. Du verschleppst alle Entscheidungen, definierst die Ziele so schwammig, dass man sie kaum erkennen kann und einen Projektplan machst Du sowieso nicht, denn wer braucht schon so was – negative Krieger-Energie. Du lässt Deine Mitarbeiter das nötige Wissen selbst irgendwo zusammenklauben, hörst auf niemand anderen, da Du ja sowieso alles am besten weißt, und die wirklich wichtigen Informationen behältst Du natürlich für Dich – negative Magier-Energie. Begeisterung und Leidenschaft – doch nicht bei so einem miesen Projekt! Und falls einer Deiner Mitarbeiter einmal Emotionen zeigt oder sich gar anmerken lässt, dass es ihm privat nicht gut geht, so ermahnst Du ihn ganz strikt zur Sachlichkeit, schließlich sind wir hier in der Arbeit und nicht im Kindergarten – negative Liebhaber-Energie. Ganz bewusst verunsicherst Du Deine Mitarbeiter hin und wieder und lässt sie spüren, dass Du hier das Sagen hast und ohne Dich gar nichts geht – wo kämen wir denn sonst hin! Du machst sie auch immer wieder nieder, indem Du ihnen ihre Schwächen unter die Nase reibst, denn anders sind die Kerle ja auch nicht zu motivieren. Am Schluss des Projekts kannst Du natürlich nicht umhin, immer wieder zu betonen, was für ein Glück die Firma hat, dass Du das Projekt geleitet hast! Anders wäre es wohl nie was geworden und schon gar nicht mit diesen unfähigen Mitarbeitern – negative Königs-Energie.

Das gleiche Projekt, zwei völlig unterschiedliche Wege, zwei völlig unterschiedliche Resultate – wir haben es in der Hand, welchen wir gehen wollen! Spüre doch einmal den beiden Situationen nach, versetze Dich in die Lage eines Mitarbeiters – mit welchem Projektleiter möchtest Du lieber arbeiten? Und wo glaubst Du schaut mehr bei dem Projekt heraus, für Dich und für die Firma?

Gerade in der heutigen Arbeitswelt wird viel zu viel aus der Krieger-Energie gelebt und viel zu sehr auf die anderen Energien vergessen. Viele dieser „Arbeits-Krieger" meinen, dass das Rundherum nur Zeit-verschwendung sei, schließlich gehe es nur um das Ziel und alles andere sei unwichtig. Sie sind eben Krieger ohne den Beistand von König, Magier und Liebhaber. Leider sind es oft auch Manager auf höheren Ebenen, die so denken und nicht merken, dass sie sich und dem Unternehmen damit schaden. Sie sehen nicht, dass Ziele vielleicht quantitativ erreicht werden, aber mit geringer Qualität, dass gleichzeitig das Know-how-Potential immer geringer wird, die Mitarbeiter-Motivation sinkt und sinkt und die besten Kräfte das Unternehmen verlassen.

Wer schon mehrere Vorgesetzte gehabt hat, der wird wohl den Unterschied zwischen einem „Arbeits-Krieger" und einem ganzheitlich denkenden Manager gut kennen. Und wenn er – so wie ich derzeit – einen Vorgesetzten hat, der alle vier Energien in sich spürt und aus ihnen lebt, wird er sein Glück zu schätzen wissen. Doch auch wir selbst sind Vorgesetzte oder Bezugspersonen, an denen sich jüngere Kollegen orientieren. Und auch wir haben es in der Hand, zumindest in unserem engeren Arbeitsumfeld auf das Vorhandensein der vier Energien zu achten. Das Beispiel mit dem Projektablauf ist nur eines von vielen. Es gilt genauso für jede Besprechung, dass die vier Energien vorhanden sein müssen, um ein optimales Ergebnis zu erzielen:

Königs-Energie (Sicherheit, Ruhe und Gelassenheit) ist notwendig, wenn es zu einer hitzigen Debatte kommt. Aber auch sonst ist es wichtig, dass die Teilnehmer sich geborgen fühlen – wer Angst um seinen Job, eine seiner Aufgaben oder seinen Ruf hat, wird nicht produktiv teilnehmen können. Es ist auch wichtig, dass die Besprechung zusammengehalten wird, dass auf den Ablauf, die Zeit, die Gesprächskultur geachtet wird, und dass sie gut moderiert wird, damit alle sich wohl fühlen und aus sich herausgehen können.

Krieger-Energie ist ohnehin immer im Spiel – doch ist es echte, positive Energie? Ist sie auf das richtige Ziel ausgerichtet, oder versuchen manche Teilnehmer bloß auf dem Rücken des Sachthemas einen persönlichen Machtkampf auszutragen? Werden Entscheidungen getroffen oder vermieden? Werden Etappenziele definiert und Aufgaben verteilt oder endet die Besprechung, ohne dass sich jemand für die Durchsetzung des Beschlusses verantwortlich fühlt?

Auch die Magier-Energie ist sehr wichtig in einer Besprechung – Alternativen müssen aufgezeigt und angedacht werden, Hintergrundinformationen zugänglich gemacht und Erfahrungswerte eingeholt werden. Vor allem ist es aber notwendig, dass die Magier-Energie auch zugelassen wird, wenn sie versucht, sich bemerkbar zu machen. Wie oft erlebe ich, dass Einwände abgewürgt werden ohne darüber ernsthaft nachzudenken. Ja, ich bin selber immer wieder versucht, das zu tun, weil ich meinen Fokus, mein Ziel nicht aus den Augen verlieren will. Doch selbst, wenn in neun von zehn Fällen der „störende" Einwand auch bei näherer Betrachtung nichts gebracht hat (außer dem guten Gefühl, alles bedacht zu haben, und das ist ja auch nicht schlecht), das eine Mal ist er oft von entscheidender Bedeutung.

Die Liebhaber-Energie ist am wenigsten offensichtlich bei einer Besprechung zugegen. Doch wer fühlt sich nicht wohl, wenn der Raum in Ordnung und für die Besprechung schon hergerichtet ist, er vom Besprechungsleiter empfangen wird und nicht erst bis zehn Minuten nach der vereinbarten Beginnzeit auf ihn warten muss? Wenn im Vorfeld für Kaffee, Getränke und vielleicht sogar Kekse gesorgt worden ist? Ich habe bei meinem ersten Projekt auf Anraten meines damaligen Abteilungsleiters für jede Projektaufsichtssitzung Kaffee und Topfengolatschen besorgt und die Termine so angesetzt, dass es gerade für ein Gabelfrühstück oder eine Jause gepasst hat. Vielleicht denkst Du Dir jetzt, dass das fast an Bestechung grenzt. Doch was ich in Wirklichkeit damit bezwecken wollte — und meiner Ansicht nach auch erreicht habe — ist, dass die Mitglieder meiner Projektaufsicht sich wirklich und ganz meinem Projekt gewidmet haben. Sie haben sich gefreut über die kleine Aufmerksamkeit und das Ambiente und sie haben sich geschätzt und beachtet gefühlt. Nicht zuletzt dadurch haben sie ihren Ärger oder Stress von gestern und den vorangegangenen Besprechungen nicht an mir ausgelassen, sondern ihn losgelassen und mit mir an der optimalen Verwirklichung meines Projekts gearbeitet und mich unterstützt.

Nicht nur in der Projektarbeit oder in Besprechungen, sondern auch im täglichen Arbeitsumfeld ist es wichtig und förderlich, wenn alle vier Energien spürbar vorhanden sind. Und natürlich ist es auch bei der Zusammenstellung von Teams besonders erfolgversprechend, wenn man darauf achtet, alle Archetypen „an Bord" zu haben. Eine wirklich schlagkräftige Truppe hat als Leiter einen guten König, starke, zielorientierte Krieger als Mitarbeiter, einen oder zwei, die als Magier Wissen und Weisheit im Sinne von Alternativen, Hintergrundinformationen und Erfahrungen einbringen, und mindestens einen guten Geist, der mit seiner Liebhaber-Energie für den sozialen Zusammenhalt des Teams sorgt – wobei ein Mitglied der Truppe durchaus mehrere Rollen abdecken kann.

In meiner Firma war das vor ein paar Jahren an einem Großprojekt wunderbar zu beobachten. In der Spitzenzeit haben an die hundert Mitarbeiter an diesem Projekt gearbeitet. Die Rollen von Krieger, Magier und Liebhaber waren bestens besetzt und der Projektleiter war ein wirklich guter König. Jeder hat sich wohl gefühlt, hat sich eingesetzt und sein Bestes gegeben – das Projekt wurde sowohl quantitativ als auch qualitativ sehr erfolgreich abgeschlossen.

14. Beziehungskiste

Ich möchte noch einen letzten Bereich ansprechen, in dem uns der Zugang über die Archetypen bereichern kann: unsere Beziehungen. Beziehungen laufen auf mehreren verschiedenen Ebenen gleichzeitig ab. Viele davon werden durch eine Betrachtung aus dem Blickwinkel der Archetypen verständlicher und besser lebbar.

Ich schlage Dir, lieber Leser, dazu folgende Übung vor: Nimm Dir etwas Zeit und setze Dich mit Papier und Stift an einen ruhigen Ort. Beginne damit, dass Du alle Personen, mit denen Du in näherem Kontakt stehst, in einer Liste aufschreibst. Gönne Dir ruhig ein bisschen Zeit zum Nachdenken. Natürlich werden Dir die wichtigsten gleich einfallen, doch manchmal „vergisst" man auch jemanden, der durchaus viel Bedeutung hat. Warum man diese Person vergessen hat, wäre übrigens eine eigene Betrachtung wert, ist aber jetzt nicht das Thema.

Wenn Deine Liste fertig ist, gehe sie Person für Person durch und schreibe im ersten Schritt ganz spontan daneben hin, welche Archetypen-Energie in dieser Beziehung von Dir hauptsächlich gefordert wird. Zum Beispiel: meine Partnerin – Liebhaber; mein Neffe – König; mein Freund – Magier; mein Vorgesetzter – Krieger; usw. Denk nicht zu lange nach, sondern lass Dein Gefühl sprechen.

Gehe im zweiten Schritt noch einmal Person für Person durch und lass Dir Zeit. Denke darüber nach, welche Energie wirklich am häufigsten bei dieser Beziehung von

Dir gefordert wird: Ob es immer dieselbe ist oder situationsbezogen einmal die und einmal die – oder ob generell zwei oder gar drei gefordert sind. Schreibe das Ergebnis ebenfalls dazu, aber ergänzend zu der spontanen Eintragung, nicht ersetzend. Am Besten schreibst Du es in einer anderen Farbe.

Im dritten Schritt gehe die Liste noch einmal durch und spüre dem nach, welche Energie Du denn wirklich hergibst und – zumindest wenn es nicht die geforderte ist – halte auch das fest. Schau Dir nun das Ergebnis an. Wo stimmen die spontan eingefallenen und die aus dem Nachdenken entstandenen geforderten Energien überein? Wo differieren sie und warum? Ist die Energie, die Du hergibst auch gleich der geforderten? Wenn nicht, ist das für Dich in Ordnung? Wo läuft eine Beziehung über eine Energie, die zwar übereinstimmt, Du aber so gar nicht haben willst, (z.B. wenn in Deiner Ehe die Krieger-Energie überwiegt)? Wo möchtest Du etwas ändern?

Und nun drehe das Spiel um, nimm wiederum Deine Liste mit Beziehungspersonen her und gehe alle drei Schritte noch einmal durch. Diesmal allerdings mit der Sicht, welche Energie Du vom anderen forderst. Schreibe spontan auf, welche Energie Du von Deiner Partnerin, Deinem Freund, Deinem Chef haben willst. Denke im zweiten Schritt länger nach, welche Energie Du willst und ob es nur eine ist. Im dritten Schritt überlege, welche Energie Du denn wirklich bekommst. Auch hier schau Dir das Ergebnis gut an und denke darüber nach, wo Du Dir Veränderung wünschst.

Wenn eine Beziehung komplexer ist oder sehr bedeutend für Dich (wie zum Beispiel die Beziehung zu Deiner Partnerin), so kann es hilfreich sein, sie nicht nur als Ganzes zu betrachten, sondern sie auf mehrere Situationen und Aspekte aufzuteilen (z.B. Partnerschaft, Familie, Freunde, Haushalt, Finanzielles usw.). Am Ende dieser Übung halte für Dich fest, was Du verändern möchtest und wie. Sei auch hier wieder behutsam mit Dir und den anderen, fordere nicht zu viel und versuche nicht zu viel auf einmal, sondern nimm Dir einen realistischen ersten Schritt vor, den du verwirklichen kannst.

Ein etwas anderer Gesichtspunkt der Beziehungskiste ist, sich seine Könige und Magier bewusst zu machen (vielleicht aus der obigen Liste) und dann darüber nachzudenken, ob die Energie, die sie uns geben, wirklich kraftvoll und positiv für uns ist. Gerade unsere Könige und Magier müssen wir uns sehr gut aussuchen, denn sie haben starken Einfluss auf unser Leben. Daher ist die Frage nicht nur berechtigt, sondern nahezu existentiell, ob sie uns auch wirklich fördern, uns helfen auf unserem Weg und ihre Gesetze und Grenzen auch für uns richtig sind. Kurz: ob ihr Wissen und ihre Weisheit unser Herz weit macht.

Wo dies nicht der Fall ist, ist es an der Zeit aus dem Gefolge dieses Königs oder dem Einfluss dieses Magiers herauszutreten und sich einen anderen König oder Magier zu suchen. Das muss ja nicht gleich bedeuten, dass man die Beziehung abbricht, man kann sie ja auch auf eine andere Ebene und Energie verlagern. Oft kann der andere auch gar nichts für seine Rolle und ist mit unserem Anspruch beim besten Willen heillos überfordert. Verabschiede Dich also von Deinem Anspruch an diesen Menschen, sei dankbar für das, was er Dir Gutes getan hat und versuche, ihm zu verzeihen, wo er Dir weh getan hat. Stelle Deine Beziehung zu ihm auf eine Ebene, die Euch beiden gut tut und ziehe aus, einen neuen König oder Magier zu finden.

Zum Abschluss dieses Kapitels möchte ich nun noch den Blick auf jene Bezugsperson richten, die am meisten unser König-, Krieger-, Magier- und Liebhaber-Sein, ja unser ganzes Verständnis von unserem Mann-Sein beeinflusst hat: auf unseren Vater. Der erste Mann in unserem Leben hat natürlich entscheidenden Einfluss darauf, was wir unter Männlichkeit verstehen. Egal, ob wir die von ihm gelebte Männlichkeit schätzen oder ablehnen, wir orientieren uns bewusst oder unbewusst daran. Eine Studie hat ergeben, dass dreißig Prozent der heutigen Männer mit ihrem Vater nicht mehr sprechen, weitere dreißig ein gespanntes oder feindliches Verhältnis zu ihm haben und weitere dreißig Prozent sich redlich bemühen, ein guter Sohn zu sein und mit ihm über solche Dinge wie Autos, Fußball oder Rasenmäher sprechen. Erschreckend geringe zehn Prozent sind mit ihrem Vater befreundet und sehen in ihm eine seelische Stütze. Für die anderen ist er wohl mehr oder weniger eine Belastung.

Unser Vater war jedoch unser erster König, auch wenn er ein Tyrann oder ein Schwächling war, und er bleibt auch unser König – zumindest so lange, bis wir ihn bewusst aus dieser Rolle entlassen, statt diese Tatsache zu unterdrücken. Wir haben von unserem Vater das meiste von dem gelernt, was wir als unsere Wahrheit über Männlichkeit und König-, Krieger-, Magier- und Liebhaber-Sein angenommen haben. Dieser Lernprozess findet hauptsächlich in der frühen Kindheit statt und wird dann nur noch verfeinert. Psychologische Studien belegen, dass die meisten Männer als Jugendliche gesagt haben und sogar noch heute sagen: „So wie mein Vater will ich nie werden!", und doch bei genauerer Betrachtung in vielerlei Hinsicht genauso geworden sind wie er – nur dass es ihnen nicht bewusst ist.

Um diesen Teufelskreis zu durchbrechen, ist es notwendig, sich des eigenen Vaters als Königsfigur bewusst zu werden und sich einer genauen Betrachtung der Beziehung zum Vater zu stellen (oder zu der ersten männlichen Bezugsperson, falls es nicht der leibliche Vater war). Wenn Du spürst, dass Dir Dein Vater als König nicht gut tut, dann ist es genauso wichtig wie bei jedem anderen König, dass Du ihn für Dich aus dieser Position entlässt und Eure Beziehung auf eine andere Stufe stellst. Erst dann bist Du frei für einen neuen König, für einen Ersatz-Vater. „Wenn man keinen guten Vater hat, so soll man sich einen anschaffen", hat schon der Philosoph Friedrich Wilhelm Nietzsche (1844-1900) gesagt. Und ich erweitere es noch ein Stück: Auch wenn man einen guten Vater hatte, er aber schon gestorben ist, so tut es den meisten von uns gut, sich einen Zweit-Vater zu suchen. Ich habe so einen zweiten Vater und väterlichen Freund in meinem Onkel gefunden, und es tut mir und ihm (der kinderlos ist und für den ich Ziehsohn geworden bin) sehr, sehr gut.

Doch bevor Du Dich vorschnell auf die Suche begibst, schau Dir an, was Dir von Deinem Vater vorgelebt wurde und was Du von ihm gelernt und übernommen hast. Ich schlage vor, Dich wiederum zurückzuziehen, Dir Zeit zu nehmen und folgende Übung zu machen:

Denke an Deine Kindheit und Jugend und schreibe auf, was für ein König Dein Vater für Dich war. War er ein guter König, ein Tyrann oder ein Schwächling? Wenn er mal das eine oder das andere war – bei welchen Gelegenheiten war das so? Welche Krieger-Energie hat Dein Vater damals ausgestrahlt? Kraftvolle oder aggressive? Wenn er auf die dunkle Seite gefallen ist, dann eher auf die sadistische oder eher auf die masochistische? Wie war es um die Magier-Energie Deines Vaters bestellt? Hatte er Zugang zu ihr oder nicht? Und wie hast Du den inneren Liebhaber Deines Vaters erlebt? Positiv, überschwänglich oder gar nicht vorhanden?

Betrachte, was Du aufgeschrieben hast und denk darüber nach, was Du daraus lernen kannst. Wo hast Du – gewollt oder ungewollt – etwas davon übernommen? Was hat Dir gut getan am Verhalten Deines Vaters, was nicht? Was möchtest Du besser machen? Wofür möchtest Du Deinem Vater danken? Wo hat er Dir weh getan? Was hast Du ihm zu verzeihen?

Versuche dabei, daran zu denken, dass auch Dein Vater nur ein Mensch ist, dass er, wie wir alle, von seiner Kindheit geprägt ist. Bedenke, dass auch seine negativen Handlungen auf Angst gegründet waren und verurteile ihn nicht, wenn irgendwie möglich. Du brauchst nicht gutzuheißen, was er Dir angetan hat. Doch Du bist erwachsen, und es liegt jetzt an Dir und nicht mehr an ihm, wie Du damit umgehst: Ob Du Dein Leben lang damit haderst oder es verzeihen und loslassen kannst. Wenn Du, wie so viele Menschen, ein Problem damit hast, etwas, was Dir sehr weh getan hat, zu verzeihen, so denke daran, dass Verzeihen nicht gleichbedeutend mit Gutheißen ist. Wenn ich etwas verzeihe, sage ich nicht, dass das Verziehene in Ordnung oder gar gut war, sondern ich sage damit, dass ich es dem anderen nicht mehr nachtrage. Damit tue ich dem anderen etwas Gutes, aber auch mir. Ich lasse Ballast fallen, da ich alles, was ich einem anderen nachtrage in Wirklichkeit mit mir selbst herumschleppe. Ein weiser Mann hat dazu einmal gesagt: „Es ist nie zu spät, eine gute Kindheit gehabt zu haben."

Wenn Du über all das nachgedacht hast, so suche das Gespräch mit Deinem Vater, wenn es Dir möglich ist. Wenn es für Dich unmöglich ist oder Dein Vater schon gestorben ist, so setze Dich statt dessen hin und führe einen Schreibdialog mit ihm. Verwende zwei verschiedene Stifte, einen für Dich und einen für das, was Du für Deinen Vater aufschreibst. Schreibe mit Deinem Stift, was Du ihm sagen oder ihn fragen willst. Dann schreibe mit seinem Stift einfach das nieder, was Dir spontan als Antwort auf Deine Sätze einfällt. Dann nimm wieder Deinen Stift und setze den Dialog fort.

Sprich mit Deinem Vater über sein Leben, seine Kindheit, seine Jugend, seine Erfolge und Misserfolge, seine Träume, Wünsche und Sehnsüchte, um seine Motive besser kennen zu lernen. Frage ihn behutsam und wenn möglich ohne Vorwürfe, warum er so oder so gehandelt hat. Nur dadurch wirst Du ihn verstehen. Sage ihm, wo er Dir weh getan hat. Vielleicht weiß er es gar nicht. Sage ihm, was Dir an ihm gefallen hat und was Dir heute gefällt. Wo er Dir Gutes getan hat und wofür Du ihm dankbar bist. Versuche, Frieden mit ihm zu schließen, zumindest von Deiner Seite her. Und wenn möglich, dann schließe ihn am Ende des Gespräches in Deine Arme.

Das geht übrigens auch dann, wenn Dein Vater nicht mehr lebt. Ich hatte einen sehr guten Vater, der leider zu einer Zeit gestorben ist, als ich noch mit ihm gekämpft hatte (wie es alle jungen Männer tun und auch tun müssen). Ich habe erst danach mit der Zeit erkannt, was ich ihm eigentlich alles zu verdanken habe. Wie wenig selbstverständlich das alles war, was er mir gegeben hat an Sicherheit, Zuwendung, Respekt, Liebe und Segen. Und dann habe ich lange Zeit damit gehadert, dass er gestorben ist, bevor ich ihm meine Dankbarkeit zeigen konnte. Ich habe natürlich Schreibdialoge und Zwiegespräche mit ihm gehalten, doch es hat mir weh getan, dass ich ihn nicht mehr in meine Arme nehmen konnte, ihn fest und lange drücken konnte und ihm auch körperlich meine Dankbarkeit und Liebe geben konnte. Vor ein paar Jahren auf einer Männerwoche mit Richard Rohr habe ich in einer kleinen Gesprächsgruppe das alles erzählt, worauf dann einer der anderen Teilnehmer mich gefragt hat: „Willst du das immer noch?" Zuerst habe ich gar nicht verstanden und ihn ziemlich verblüfft gefragt: „Was?" „Na, deinen Vater in den Arm nehmen!" „Ja, sicher!", habe ich geantwortet. „Na, dann such dir einen von uns aus, der deinen Vater repräsentiert, nimm ihn in deine Arme, drück ihn solange und so fest du willst und denk dabei an all das, was du deinem Vater geben möchtest!" Und genau das habe ich dann auch gemacht. Ich habe mir spontan einen der Männer ausgesucht und ihn lange und fest umarmt – nein, nicht ihn, sondern meinen Vater. Mir sind Tränen der Freude und Dankbarkeit über die Wangen gelaufen und es war einer der schönsten Momente in meinem Leben. Später hat sich dann herausgestellt, dass es für den Mann, den ich mir als Stellvertreter meines Vaters ausgesucht hatte, genauso intensiv und schön war. Er war Priester und hat in mir den Sohn umarmt und sich von ihm verabschiedet, nach dem er große Sehnsucht gehabt hat, den er aber wegen seiner Profession nicht bekommen konnte ...

Das Ziel der Reise

„Unter allen Fährten
in diesem Leben
gibt es eine,
die am meisten zählt –
es ist die Fährte,
die zum wahren
Menschsein führt"

(aus dem Film
„Der mit dem Wolf tanzt")

15. Der Wilde Mann

Vielleicht hast Du, lieber Leser, Dich schon gefragt, was denn nun wirklich das Ziel der Heldenreise ist. Einfach nur König zu werden, kann es wohl nicht sein. Schließlich braucht der König, wie jeder andere Archetyp, auch die drei übrigen Energien. Das heißt, das Ziel muss mehr sein, als nur König zu werden. Und genau darum geht es: Es reicht nicht, bloß König zu werden, sondern Du musst König, Krieger, Magier und Liebhaber integrieren und auf diese Weise ein „Wilder Mann" werden, wie ihn das Märchen „Eisenhans" der Gebrüder Grimm treffend beschreibt.

Ein Wilder Mann zu sein, heißt natürlich nicht, wild im Sinne von unzivilisiert, ungehobelt, zornig oder brutal zu sein. Wild ist hier im Sinne von Wild-Tier statt Haus-Tier gemeint. Es bedeutet, kraftvoll und ungezähmt zu sein, voller Energie und Lebenslust. Es meint, authentisch zu leben, im Einklang mit seinen Wünschen, Träumen und Visionen zu agieren und das zu sagen, was ich wirklich meine. Dann aber auch dazu zu stehen, selbst wenn es manchmal schwer sein mag.

Wild zu sein heißt, Feuer in sich zu spüren, in Kontakt mit den inneren Energien zu sein und aus ihnen zu schöpfen und zu leben. Es bedeutet, sich nicht an von anderen übernommene Vorstellungen anzupassen, sondern seine ureigenen Vorstellungen vom Leben zu entwickeln und danach zu handeln. Es heißt, eins zu sein mit sich, seinen Gedanken, Gefühlen und mit seinem Körper, und dabei durchlässig zu werden und die eigene Seele durchscheinen zu lassen. Schließlich heißt es, seinen Platz im Universum zu kennen, mit der Welt, der Natur, der Erde, ja mit allem und allen verbunden zu sein, und auf diese Weise behutsam und achtsam, aber bestimmt seinen Weg zu gehen.

Wie oft verstellen wir uns und leben so, wie wir glauben, dass die anderen es von uns erwarten? Und wie oft tun wir das sogar ohne zu hinterfragen, ob das, wovon wir meinen, dass es von uns gefordert wird, auch wirklich von unserer Umgebung gewünscht wird, und üben sozusagen vorauseilenden Gehorsam? Wir entfernen uns dabei immer mehr von uns selbst und werden zu einem Zerrbild unserer eigenen Person.

Es gibt einen alten jüdischen Witz, der das wunderbar illustriert: Ein Mann kommt zu seinem Schneider und probiert seinen neuen Anzug an. Dabei fällt ihm auf, dass der rechte Ärmel ein bisschen kürzer als der linke ist. „Oh", sagt der Schneider, „das macht gar nichts, heben sie einfach ein bisschen die rechte Schulter, dann passt das schon". Der Mann probiert das und es funktioniert auch, doch nun fällt ihm auf, dass jetzt der Kragen etwas schief sitzt. „Das ist gar kein Problem", sagt der Schneider, „sie müssen bloß den Kopf ein wenig nach links neigen, dann passt auch das". Und wirklich, es hilft. Aber leider sieht er, dass nun das linke Hosenbein etwas zu lang ist. „Überhaupt keine Schwierigkeit", meint nun der Schneider, „sie machen einfach den linken Fuß steif und heben ein bisschen die Ferse, dann passt es wunderbar". Der Mann probiert es, und nachdem der Schneider recht hat, kauft er den Anzug und geht. Am nächsten Tag humpelt er so mit seinem neuen Anzug an zwei Männern vorbei, rechte Schulter hochgezogen, Kopf schief liegend und das linke Bein gestreckt. Die beiden schauen ihm nach und dann sagt der eine: „Armer Kerl, so stark behindert". Worauf der andere sagt: „Ja, er kann einem wirklich leid tun. Aber sein Schneider muss eine Wucht sein, der Anzug passt perfekt!"

Geht es uns nicht auch so, wenn wir permanent versuchen, Erwartungen zu erfüllen und Rollen zu spielen, die gar nicht die unseren sind? Und ist es nicht auch im täglichen Leben so, dass man ganz deutlich sehen kann, ob jemand authentisch lebt oder sich verstellt? Wirklich angezogen werden wir von Männern, die so sind, wie sie sind. Die nicht mehr scheinen als in ihnen ist, die nicht groß reden, sondern handeln, die nicht Wasser predigen und Wein trinken, sondern einfach echt sind – Wilde Männer eben.

Wilde Männer agieren statt zu reagieren. Sie leben ein kraftvolles, schwungvolles, spannendes Leben voller Kreativität, Agilität und Spontaneität. Sie springen immer wieder über ihren Schatten, sind mutig, aber nicht unvorsichtig, sind schnell unterwegs, aber keine Raser und verstehen es auch immer wieder inne zu halten, zu verweilen und zu genießen. Sie sind stark, kraftvoll und wehrhaft, aber auch verletzlich und riskieren es, sich verletzbar zu zeigen. Sie öffnen ihren Panzer, lassen alles an sich heran, spüren das Leben in all seinen Nuancen, zeigen ihr Herz und schenken anderen darin Platz. Sie leben in vollen Zügen, doch nicht auf Kosten der anderen. Sie gehen ihren Weg ohne andere zu überfahren, aber auch ohne sich durch unberechtigte oder überkommene, überholte Ansprüche aufhalten zu lassen.

Ein Wilder Mann zu sein bedeutet, sich seiner Männlichkeit bewusst zu sein, zu ihr zu stehen und sie lustvoll zu leben. Es heißt aber auch, seine weiblichen Anteile zu kennen und Freude an ihnen zu haben. Ein Wilder Mann ist kein Macho, keiner, der eine Fassade der Härte, Kontrolle, der Egozentrik und des Cool-Seins braucht. Er muss nicht auf die Frauen runter schauen, damit seine Männlichkeit einen Wert hat. Er ist keiner, der Frauen benutzt und danach wegwirft. Genauso wenig ist er ein Softie, der keinen Konflikt aushält, immer nur sanft und biegsam sein kann und sich permanent entschuldigt, dass er halt nur ein Mann geworden ist. Ein Wilder Mann ist sich so sehr seiner Männlichkeit bewusst, dass er, ohne auch nur ein bisschen von seiner männlichen Energie zu verlieren, auch sogenannte weibliche Tätigkeiten übernehmen kann — und dies ist ganz natürlich für ihn. Er ist ein Mann, ob er nun Autos repariert oder die Wäsche wäscht, ob er Fußball spielt oder mit seiner kleinen Tochter mit den Puppen, ob er über einer Bilanz brütet oder den Hausaufgaben der Kinder, ob er eine Wand aufmauert oder den Abwasch macht – er ist, was er ist, und das ist er ganz.

Ohne das Feuer des Wilden Mannes erkaltet alles in uns und um uns herum. Alles wird Routine. Es gibt keine Abwechslung, keinen Schwung, keinen Pfeffer in unserem Leben. Der Wilde Mann bringt uns Erdung und den Blick in die Ferne. Er ist, was er ist und weiß, wo er hin möchte. Er ist mal König, mal Krieger, mal Magier und mal Liebhaber. Er hat Zugang zu allen vieren und bezieht aus ihnen seine Energie, seine Kraft und seine Lebensfreude. Er vereint in sich das Erdige, Schlammige aus den Tiefen des Sees und das Leuchten der Sonne. Er hat Mut – auch Mut zur Angst und zum Risiko – ohne jedoch übermütig und waghalsig zu sein. Er hat keine Angst vor der Stärke anderer. Im Gegenteil: Er freut sich an deren positiver Kraft und Energie und fördert sie noch, ob nun bei seinen Freunden, Mitarbeitern und Kindern oder bei seiner Gefährtin.

Der Zugang zum Wilden Mann in uns ist gar nicht so schwer zu erreichen. Wir brauchen nur ein einziges Mal seinen Ruf zu hören, den Klang seiner kraftvollen Stimme, den Rhythmus der Trommeln, die den Ruf begleiten. Dieser Ruf wird uns nicht mehr loslassen, denn es ist der Ruf unseres ureigensten Selbst, der Ruf unserer Seele, der Ruf unseres inneren kleinen Buben. Ja, wir waren schon einmal ein Wilder Mann – ungezähmt, unangepasst, voller Feuer, Energie, Begeisterung und Leidenschaft. Als ganz kleiner Bub waren wir ganz wir selbst. Wir haben gelacht, wenn uns danach war, und haben geweint, wenn wir traurig waren. Wir haben aus vollem Herzen gelebt und uns keine Sorgen über gestern oder morgen gemacht, sondern den Augenblick, das Hier und Jetzt in vollen Zügen genossen. Gott hat uns als kraftvolles, schönes, schöpferisches Wesen geschaffen, mit all unseren Stärken und Schwächen, mit Schatten und viel Licht. Er hat uns den Wilden Mann eingehaucht und wir haben ihn gelebt – zumindest am Anfang unseres Seins.

So ist es eigentlich leicht, wieder dorthin zu finden, denn wir brauchen uns nur zu erinnern. Wir müssen bloß all das weg lassen, was uns unsere Wildheit, unsere Kraft und Energie genommen hat. Auf dem Weg von diesem kleinen Buben zu dem Mann, der wir heute sind, wurden wir gezähmt. Wir haben uns gewöhnt an jeden Anzug, der uns zu tragen gegeben wurde, wie schlecht er uns auch gepasst haben mag. Wir haben Schritt um Schritt verlernt, auf uns selbst, auf unsere innere Stimme, auf unsere Seele zu hören. Wir haben angefangen Rollen zu spielen, Masken aufzusetzen, faule Kompromisse zu schließen, uns kaufen oder erpressen zu lassen und uns immer weiter von unseren Träumen, Wünschen und Sehnsüchten entfernt. Wir haben gelernt, Angst vor Veränderung zu haben, uns über alles Sorgen zu machen, möglichst gut dastehen zu müssen und es allen recht zu machen – nur nicht uns selbst. Und wir haben unsere Begeisterung verloren, das Feuer in uns ausgehen lassen, die Leidenschaft und Lebenslust kleiner und kleiner werden lassen.

Doch genauso, wie wir uns damals Schritt für Schritt vom Wilden Mann, von unserem ureigensten Selbst entfernt haben, genauso können wir uns Schritt für Schritt wieder auf die Reise zu uns selbst begeben. Wir brauchen keine Angst zu haben, dass wir jetzt alles über den Haufen werfen und unser gesamtes Leben umkrempeln müssen, alle vor den Kopf stoßen und noch einmal ganz von vorne beginnen müssen. Es ist in den seltensten Fällen notwendig, gleich den Job zu kündigen, um authentisch sein zu können und wieder Spaß an der Arbeit zu haben. Meistens braucht es keine Radikalkur, sondern es reicht, die innere Einstellung zu ändern. Oft verbessert sich die Situation dann wie von selbst.

Frag Dich doch einmal, lieber Leser, wie es um Dein „Wild-Sein" steht. Spürst Du Begeisterung, Leidenschaft und Lebenslust in Dir? Brennt das Feuer noch? Oder ist nur mehr die Glut vorhanden? Oder gar nur mehr jener Rest, der zwar nie ausgehen kann, den Du aber vielleicht erst wieder suchen musst? Wie sehr kannst Du zu dem stehen, was Du tust, sagst und bist? Wieweit bist Du im Alltag ehrlich – vor allem Dir selbst gegenüber?

Gehe zu einem Spiegel und schau Dir in die Augen. Leuchten sie, strahlen sie, brennt in ihnen ein Feuer? Oder ist der Glanz schon lange erloschen – sind sie stumpf geworden vor lauter Traurigkeit und ungeweinter Tränen? Nimm ein paar Fotos von Dir, die noch recht neu sind und schau Dich an. Siehst Du Lebenslust und Freude? Siehst Du Elan und Schwung? Oder siehst Du Stillstand und Starre? Oder gar Resignation und Endzeitstimmung?

Der Wilde Mann in Dir lebt! Keine Sorge, er lebt! Vielleicht ist er tief unten in einer Kellerkammer eingesperrt, aber er ist da, und Du wirst ihn finden, sobald Du seinen Ruf hörst und seine Fährte aufnimmst wie ein indianischer Spurensucher. Sein Ruf ist unsere Ursehnsucht nach dem vollen Leben, danach, einfach so sein zu können, wie wir in unserem Innersten sind. Du hast durch die Beschäftigung mit den Archetypen die Spur des Wilden Mannes bereits aufgenommen. Du hast angefangen, seine Kraft wieder zu spüren, wenn auch vielleicht noch nicht sehr stark. Du hast schon begonnen, wild zu sein! Um weiter auf der Fährte des Wilden Mannes zu bleiben, sprich mit Deinem inneren Kind, mit dem kleinen Buben in Dir. Frag ihn, was seine Träume waren, und welche davon heute noch gültig sind. Denke über diese Träume nach und überlege, wie Du sie zumindest ein Stück weit verwirklichen kannst. Es ist nicht immer notwendig, einen Traum vollständig zu erfüllen, um das Glück, das er einem verheißt, zu spüren. Manchmal ist es sogar unmöglich. Ich habe zum Beispiel als kleiner Bub davon geträumt, fliegen zu können, und zwar nicht bloß mit einem Flugzeug, sondern frei wie ein Vogel. Ich habe mir diesen Traum dadurch erfüllt, dass ich den schon erwähnten Fallschirmsprung gemacht habe und eine Minute lang im freien Fall wie ein Vogel durch die Luft geschwebt bin. Spüre der Verheißung nach, die hinter Deinem Traum steht und schau, wie Du sie zumindest ein Stück weit erlangen kannst!

Denke über Deine Sehnsüchte nach. Wonach verlangt, verzehrt sich Dein Herz? Wo will es hin? Wenn Du keine Sehnsüchte in Dir spürst, gib nicht gleich auf! Lass Dir Zeit. Vielleicht sind sie schon so tief vergraben, dass es eine Weile dauert, bis sie an die Oberfläche kommen. Und wenn Du sie kennst, dann schau auch hier, wie Du zumindest anfangen kannst, Deine Sehnsüchte zu stillen. Hinterfrage dabei, ob die Sehnsucht wirklich, tief und echt, oder ob sie bloß vordergründig ist. Vielleicht steht hinter ihr eigentlich eine andere, tiefere Sehnsucht, sodass eine Erfüllung in Wirklichkeit nicht viel verändern würde.

Spüre dem Feuer in Dir nach, suche seine Glut, schau, was es zudeckt oder es sonst am Brennen hindert. Beginne vorsichtig und achtsam, Deinem Feuer wieder Luft zu verschaffen. Versuche das, was sich in all den Jahren darüber gelegt hat und es zu ersticken drohte, Stück für Stück aufzuheben. Schau es Dir an und gib ihm, wenn es etwas Gutes ist, einen anderen Platz, wo es Dein Feuer nicht behindert. Alles, was Dein Feuer unterdrückt, obwohl es eigentlich keinen Platz mehr in Deinem Leben hat, lass los: bedanke Dich bei ihm für das Gute, dass es Dir irgendwann einmal getan hat und verabschiede Dich davon.

Wenn Du mit der Reinigung Deiner Feuerstelle fertig bist, dann mache Dich auf die Suche nach Nahrung für Dein Feuer. Was lässt es lodern und gibt ihm wirklich Kraft? Suche nicht nach Stroh, dessen Flamme hell und hoch brennt, aber sofort wieder vorbei ist, sondern stöbere die Buchenscheite auf, die Deinem Feuer eine lang anhaltende Flamme schenken. Schau, dass Du zumindest eine Stelle findest, die Dir immer wieder gutes, trockenes Holz für Dein inneres Feuer liefert und nicht bloß ein einmaliges Scheit. Hege und pflege das Feuer in Dir!

Schau, wohin Deine Kraft und Energie geht, an welcher Stelle Du sie gern investierst und wo sie Dir geraubt wird. Stelle fest, in welchen Bereichen sie wirksam ist, etwas bewirkt, und wo sie einfach verpufft ohne etwas zu bewegen. Denke darüber nach, wie Du Deine undichten Stellen verschließen kannst, jene Stellen, an denen die Energie aus Dir herausrinnt, ohne dass Du es willst – oft sogar ohne dass Du es bemerkst. Sei liebevoll aber bestimmt jenen gegenüber, die Dir Deine Energie rauben. Setze Deine Grenzen fest und gib ihnen so viel Energie, wie Du kannst und möchtest. Hör auf, Energie zu verschwenden, wo sie nichts bewirkt und führe sie jenen Bereichen zu, in denen sie sinnvoll und wertvoll genutzt wird.

Bleibe bei all dem behutsam und Dir selbst treu! Versuche, nichts mit Gewalt zu tun und vermeide es, auf die Schattenseiten der Archetypen zu fallen, denn sonst wirst Du kein Wilder Mann, sondern bloß ein rücksichtsloser Egozentriker, der durch Wände und über Leichen geht. Lass Dir Zeit und geh langsam voran. Ein Wilder Mann zu werden, ist eine Lebensaufgabe, die nie ganz erreicht werden kann und nie abgeschlossen ist. Lass aber auch den Menschen um Dich herum Zeit und Platz, ebenfalls ihren Weg zu gehen. Geh Deinen Weg in und aus der Liebe, aus Deinem Herzen! Geh, wohin Dein Herz Dich trägt und nimm die Menschen mit, die in Deinem Herzen wohnen.

16. Hymne an die Wolfsfrau

Im Mythos wie im Leben ist der Wilde Mann schon immer auf der Suche nach seiner weiblichen Entsprechung. Im Gegensatz zu vielen „Durchschnitts-Männern" sucht er weder einen Mutterersatz noch einen Aufputz an seinem Arm. Er sucht weder eine Frau, die brav im Hintergrund die notwendigen Tätigkeiten ausführt, den Haushalt und die Familie führt, ihrem Mann immer zu Diensten und ansonsten still und genügsam ist, noch eine Frau, hinter der er sich verstecken kann, die alles in Schwung hält und der er nur zu folgen braucht. Der Wilde Mann hält eine starke Frau an seiner Seite nicht nur aus, sondern er fördert seine Gefährtin. Er ermuntert sie zu einer „Wilden Frau" zu werden, zur *Wolfsfrau*, wie sie Clarissa Pinkola Estés im gleichnamigen Buch nennt – ein Buch, das ich, obwohl für Frauen geschrieben, jedem Mann nur ans Herz legen kann.

Auch Frauen haben ihren Heldenweg, den sie gehen müssen, um zum vollen Selbst, zur Wolfsfrau zu werden. Doch sieht dieser Weg naturgemäß etwas anders aus als der von uns Männern. Im Gegensatz zu unserer Reise, die mit dem Krieger beginnt, starten die meisten Frauen mit der Magierin. Sie integrieren dann die Liebhaberin und beginnen meist erst spät als Kriegerin zu kämpfen, bevor sie dann Königin werden. Daher scheinen auch vor allem am Anfang der Heldenreisen Mann und Frau zwei verschiedene Sprachen zu sprechen. John Gray stellt in seinem Buch „Männer sind anders – Frauen auch" sogar den

Vergleich auf, dass sie von zwei verschiedenen Planeten, vom Mars und von der Venus stammen würden.

Wir Männer sprechen am Beginn unserer Heldenreise die Sprache des Kriegers und denken ziel- und lösungsorientiert. Wir wollen losmarschieren und Probleme aus der Welt schaffen, leben aus dem „Entweder – oder". Frauen sprechen in diesem Stadium dagegen primär die Sprache der Magierin. Sie suchen Alternativen, wollen Probleme diskutieren, ausreden und verstehen. Sie leben aus dem „Sowohl – als auch". Keiner versteht den anderen so richtig, da ja die Sprache unterschiedlich ist. Unsere Partnerinnen erzählen uns von ihrem Alltag und ihren Problemen. Sie wollen, wie es die Art der Magierin ist, primär darüber reden, vielleicht mit uns diskutieren, aber hauptsächlich auch von uns Magier-Energie haben, also jemanden, der zuhört und ihnen Reibebaum ist. Wir Krieger wollen die Sache sofort auf den – unserer Meinung nach offensichtlichen – Punkt bringen und bieten ihnen eine Lösung an. Doch offensichtlich ist diese Lösung noch nicht die richtige für sie, denn sie erzählen weiter. Auch unser zweiter und dritter Lösungsvorschlag wird negiert. Am Ende des Gesprächs sind wir Männer dann oft fassungslos, dass nicht nur unsere Lösungen unakzeptiert bleiben, sondern unsere Partnerinnen auch noch unzufrieden mit dem Gesprächsverlauf sind.

Mit fortschreitender Reise auf dem Heldenweg integrieren sowohl die Frauen als auch die Männer die anderen drei Archetypen und verstehen sich gegenseitig immer besser – wenn sich beide auf den Weg machen. Primär überwiegt jedoch bei den meisten Männern zu-

mindest ein wenig der Krieger und bei den meisten
Frauen die Magierin. Clarissa Pinkola Estés spricht in
ihrem Buch von der Zwillingsnatur der Frau, die dieses
„Sowohl – als auch" der Magierin widerspiegelt:

„Einer ungezähmten Frau nahe zu kommen, bedeutet,
dass man zwei unterschiedlichen weiblichen Wesen auf
die Spur kommt. Das erste existiert in der Welt der äuße-
ren Erscheinungen, ist zumeist sehr praktisch, zivilisiert
und völlig menschlich, das zweite Wesen hingegen existiert in einer weniger sichtbaren Welt und, obwohl es hin
und wieder an die Oberfläche kommt, um etwas erstaun-
lich Originelles, oft auch Weises zu verkünden, zieht es
sich meistens recht schnell wieder zurück und verschwindet – bis zum nächsten Mal" (Die Wolfsfrau, Seite
144).

Jeder Mann tut gut daran, diese zwei Seiten in seiner
Gefährtin zu spüren, zu achten und zu ehren. Er kann ihr
dabei helfen, ihren eigenen Zugang und gleichzeitig sein
Verständnis dieser Doppelnatur in ihr zu vertiefen, indem er ihr zwei Fragen stellt: „Was willst du?" und
„Was will dein inneres Selbst?" Er tut gut daran, ihre
Weiterentwicklung, ihre Entfaltung, ihre Heldenreise
nicht zu behindern, sondern zu fördern. Wir Männer
brauchen starke Frauen, die uns fordern. Eine selbst-
bewusste, emanzipierte, authentische, Wilde Frau ist ein
Geschenk – und das jeden Tag, den du mit ihr zusammen bist.

Gib Deiner Gefährtin den Raum um sich weiterzuent-
wickeln. Lass ihr den Platz, den sie dafür braucht, dass

sie Kontakt zu ihrem ursprünglichen wilden Instinkt findet. Dass sie zu ihrem Ursprung und innersten Selbst zurückkehren und die Fährte der Wolfsfrau aufnehmen kann. Gib ihr die gleiche Chance, Freiheit und Unterstützung auf dem Weg zu ihrer Selbstwerdung, die Du Dir von ihr wünschst. Stelle weder Dich noch sie eine Stufe höher oder weiter nach vorn. Ihr seid gleichrangige und gleichwertige Gefährten, miteinander auf dem Weg, aber auch auf dem je eigenen Weg.

Lebe mit Deiner Partnerin eine erwachsene Beziehung! Keine Beziehung wie zwischen Mutter und Sohn oder Vater und Tochter. Auch keine, in der einer von Euch sagt: „Ich kann ohne Dich nicht leben!", sprich: ohne Dich bin ich nicht lebensfähig und nichts wert. Lebe eine Beziehung, in der Ihr beide gleichberechtigt seid, in der Ihr miteinander lebt, weil Ihr wollt und einander begehrt und nicht, weil Ihr müsst und einander braucht. Lebe mit Deiner Partnerin eine Beziehung, in der alles Platz hat – Freude und Traurigkeit, Stille und Spaß, Harmonie und Konfliktfähigkeit, leise Sinnlichkeit und unbändige Lust. Das ist die Partnerschaft des Wilden Mannes und der Wolfsfrau!

Sprich mit Deiner Partnerin über ihre Träume, Wünsche und Sehnsüchte. Unterstütze sie bei der Verwirklichung, wenn sie es möchte. Gib ihr den Raum zum Wachsen, die Zeit Zugang zu ihrer Kreativität zu finden, anstatt sie dabei auszulachen, zu behindern oder gar niederzumachen, wie so viele Männer es tun. Stelle Dich auch den Situationen, in denen Du ihr weh getan hast. Bitte sie um Verzeihung und sei dankbar dafür, dass sie das ausgehalten hat. Frage sie, was sie geopfert hat am Altar Eurer Partnerschaft – welche Teile von ihr ungelebt geblieben sind, weil sie sich um ihrer Liebe zu Dir willen zurückgenommen hat. Sprich mit ihr darüber, was sie auf sich genommen hat und in sich begraben hat, um Eure Kinder oder Deine Karriere zu fördern, um Deine Wünsche zu erfüllen oder das, was sie als Deine Sehnsüchte gespürt hat. Frage sie, was sie wütend macht, worüber sie traurig ist, was ihre inneren Wunden sind.

Schau auch in ihre Augen und suche nach dem Glanz und dem Feuer, das in Deiner Partnerin steckt. Du warst einst Nahrung des Feuers, hast es zum Lodern gebracht. Denke darüber nach und sprich mit Deiner Partnerin, wie Du ihrem Feuer wieder Nahrung geben kannst und wo Du es am Brennen hinderst. Frage sie, an welchen Stellen Du ihr Kraft und Energie gibst und wo Du sie ihr raubst. Ermutige sie, Zugang zu ihren inneren Energien zu finden und höre ihr zu, welche Zugänge sie schon hat – meistens können wir Männer gerade hier von den Frauen sehr viel lernen.

Mute und traue Deiner Partnerin zu, auch zu hören, was Du geopfert hast. Wo Deine Träume, Wünsche und Sehnsüchte sind, wodurch Dein Feuer erstickt wurde und wodurch es wieder lodern könnte. Wo Deine Energien versickern und wo Du auftanken kannst. Lass auch Du Dich von ihr fördern und Dir helfen. Ihr seid gleichberechtigte, gleichwertige, einzigartige und wundervolle Wesen, die miteinander auf dem Weg sind! Deshalb ermutigt Euch gegenseitig, dankt Euch für all das, was Ihr einander Gutes getan habt. Schenkt Euch gegenseitig

Das Ziel der Reise

Holz für Euer Feuer und macht Euch an die Erfüllung Eurer Träume und Wünsche. Stillt Eure Sehnsüchte, entfaltet Eure Kreativität und Einzigartigkeit – miteinander, und jeder für sich.

Fürchte Dich nicht, auch hier muss die Erfüllung eines Traums nicht gleich das Ende der Partnerschaft bedeuten! Auch dann nicht, wenn es zu Beginn so aussehen mag. Wenn es jedoch nach reiflicher Überlegung, Nachspüren und Nachdenken doch so sein sollte, dass Euer gemeinsamer Weg zu Ende geht, so seid so ehrlich und achtsam miteinander, es Euch einzugestehen. Es hat keinen Sinn, immer tiefer und tiefer in eine Sackgasse hineinzulaufen, wenn man weiß, dass der Weg dort nicht weitergeht. Aber es hat genau so wenig Sinn umzudrehen, bevor man sicher ist, dass man sich in einer Sackgasse oder auf dem falschen Weg befindet.

Der Wilde Mann und die Wolfsfrau leben miteinander in einer Liebesgemeinschaft oder sie werden zu Freunden, die einander begleiten. Meine Ex-Frau sagt heute: „Es hat uns gut getan, auseinander zu gehen. Wir haben uns beide unheimlich weiterentwickelt und schaffen heute Dinge, die uns gemeinsam nicht möglich waren. Wir sind wie zwei Bäume, die man auseinander gepflanzt hat. Jetzt können sie ungehindert wachsen, vorher haben sie einander behindert."

Falls Eure Partnerschaft also danieder liegt, fragt Euch, ob Ihr in einer Sackgasse seid, in der Ihr umdrehen müsst. Klärt miteinander, ob Ihr das gemeinsam tun könnt oder ob Eure Wege sich nun trennen müssen.

Wenn Ihr Euch zu einer Trennung entschließt, so versucht auch dabei auf der positiven Seite der Archetypen zu bleiben. Dankt Euch gegenseitig für die Zeit miteinander, geht in Frieden auseinander und streicht den anderen nicht einfach aus dem Leben. Ihr würdet damit Eure gemeinsame Vergangenheit streichen und nachträglich etwas kaputt machen. Ihr würdet Teile von Eurem Leben nicht mehr wahrhaben wollen und auf diese Weise eine Leiche im Keller vergraben. Wir haben so viele Scheidungen in der heutigen Zeit, aber leider so wenig Trennungskultur!

In den meisten Fällen wird der Austausch der geheimsten Wünsche und Sehnsüchte, das Erzählen der einstigen und heutigen Träume und das Eingestehen alter Narben aber nicht zu einer Trennung, sondern zu einer Vertiefung der Partnerschaft führen, selbst wenn sie schon ziemlich ausgehungert sein sollte. Das ist vergleichbar mit einer Zimmerpflanze, die lange nicht mehr gegossen wurde: vernachlässigt und ohne Nahrung lässt sie ihre Blüten und Blätter immer mehr hängen und wirkt schon ganz verwelkt. Wenn ein bestimmter Punkt überschritten ist, dann hilft alles Giessen und Düngen und Hochbinden nichts mehr, denn die Pflanze ist tot. Doch viele Pflanzen sind zäh und bis zu dem Punkt, an dem nichts mehr geht, ist es ein weiter Weg. Wenn dieser Punkt noch nicht erreicht ist, genügt reichlich frisches Wasser und die Blume stellt recht schnell alle Blätter und Blüten wieder auf und erwacht zu neuem, kräftigen Leben.

So fördere also Deine Partnerin, sei ihr ein ebenbürtiger Gefährte auf ihrem Heldenweg, auf ihrem Weg zur

Wolfsfrau. Oder, wie Clarissa Pinkola Estés es ausdrückt: „Der instinktbegabte Wilde Mann betrachtet es als eine der faszinierendsten Aufgaben überhaupt, sich mit dem Zwillingswesen seiner Gefährtin vertraut zu machen, nicht, um Macht über sie zu gewinnen, sondern um die namenlose Ursubstanz zu verstehen, aus der sie und er gewirkt sind, um sich davon fortschwemmen, schockieren, wachrütteln und berauschen zu lassen. Und er wird daran festhalten und ihre tausend Namen auf tausend verschiedene Weisen singen. Das ist es, was die Augen der Unbezähmbaren aufleuchten lässt und das Glimmen in die Augen des Wilden Mannes bringt." (Die Wolfsfrau, Seite 156)

17. Die neuerliche Heldenreise

Ein Mann sitzt in einem Zug. Bei jeder Station steckt er den Kopf zum Fenster raus, liest, wie die Station heißt, stöhnt laut und setzt sich wieder hin. Nach ein paar Stationen fragt ihn sein Gegenüber besorgt: „Fehlt ihnen etwas? Sie stöhnen so!" Darauf sagt der Mann: „Eigentlich müsste ich aussteigen, denn ich fahre immer weiter in die falsche Richtung, aber hier drinnen ist es so schön warm!"

Wenn man das liest, lächelt man oder schüttelt den Kopf. Doch im realen Leben handeln die meisten von uns genau so. Nur zu oft gehen wir einen eingefahrenen Weg weiter, obwohl wir spüren, dass er mittlerweile in die falsche Richtung führt. Wir verdrängen den Gedanken daran, klammern uns an die vage Hoffnung einer scharfen Kurve, wodurch dieser Weg ganz von selbst die Richtung wechseln wird, und wissen doch, dass wir uns etwas vormachen. Wir spüren, ja wir können es mit fortschreitender Dauer sogar immer deutlicher sehen, dass unser Königreich seinen Glanz verloren hat, dass es zugrunde geht und alles in uns lauter und lauter danach ruft, dass wir uns endlich neuerlich auf unsere Heldenreise begeben. Doch wir machen die Augen zu, stopfen uns Watte in die Ohren und versuchen, unser Herz zu verschließen, um nur ja nicht aufbrechen zu müssen. Wir sind faul und träge geworden und vor allem haben wir wohl Angst vor dem Unbekannten, vor dem Weg und vor dem ungewissen Ausgang der Reise. Die meisten von uns ziehen ein bekanntes Übel dem unbekannten Glück vor.

Das Ziel der Reise

Doch um lebendig zu bleiben, um das Feuer der Begeisterung in uns nicht erlöschen zu lassen und um ein kraftvoller, energiegeladener Wilder Mann zu sein, müssen wir beweglich bleiben, immer wieder etwas Neues unternehmen, zu neuen Ufern aufbrechen und bereit sein, etwas zu wagen. Wir müssen etwas riskieren, aus dem geschützten Nest entfliehen, und, wie es ein Freund von mir ausdrückt, „immer wieder frischen Wind in die Beziehung bringen, die Fenster aufmachen und Luft hereinlassen". Hin und wieder kommen aber Zeiten in unserem Leben, in denen es nicht reicht, beweglich zu sein, sondern notwendig ist, neuerlich zur Heldenreise aufzubrechen. Wenn unser Königreich – sei es unsere Arbeit, unsere Beziehung oder etwas anderes, was uns wichtig ist – am Ende ist, müssen wir als Krieger, Magier und Liebhaber wieder ausziehen, den Drachen suchen und ihn besiegen, um dann als gereifter, ein bisschen größerer König wieder heimzukehren in unser neues, offeneres, wieder strahlendes Königreich.

Freiwillig begibt sich kaum jemand auf diese Reise, denn sie ist mühsam und gefährlich. Sie verlangt dir viel ab, führt dich meist an deine äußersten Grenzen und der Ausgang und Lohn scheinen ungewiss. Auch lässt sich nicht gleich so einfach sagen, ob es Zeit zum Aufbruch ist oder nicht. So warten wir oftmals sehr lange, und schauen zu, wie unser Königreich absackt, wie die Blume verwelkt. Wir schauen weg und warten. Wir spüren, wie der Druck immer größer wird, wie die Situation immer schlimmer und wie die Zeichen zum Aufbruch immer stärker und stärker werden, die wir von unserer Umgebung, unserem Körper und unseren Träumen bekommen.

Manchmal warten wir, bis es zu spät ist. Meist jedoch warten wir genau so lange, bis der Druck schlimmer ist, als die Angst vor dem, was wir tun müssen. Und wenn wir dann doch aufbrechen, stellen wir oft fest, dass das, was wir auf keinen Fall tun wollten, genau das Richtige war und uns einen großen Schritt weitergebracht hat. Dass zum Beispiel das Nein zur Partnerin und zu der Art, wie sie mit mir umgeht, nur im ersten Moment die Beziehung zu beenden schien, in Wirklichkeit jedoch entscheidend für eine wirklich tragfähige Partnerschaft war. Wie schön wäre es doch, wenn wir etwas früher aufbrechen könnten, und nicht erst, wenn der Druck so groß ist, dass der dunkle Krieger aus uns herausbricht und wild um sich zu schlagen beginnt!

Was uns alle daran hindert aufzubrechen, ist schlicht und einfach Angst – Angst, das zu verlieren, was einem ans Herz gewachsen ist. Angst vor dem Unbekannten, Angst vor Unbequemlichkeiten, vor Mühsal und Schmerz. Es ist wohl kein Zufall, dass der Satz, der in der Bibel im Neuen Testament mit Abstand am häufigsten zu lesen ist, der Satz „Fürchtet euch nicht!" ist. Die Angst vor dem anstrengenden, schmerzhaften Weg ist sicher nicht unbegründet, doch der Wilde Mann hat auch Mut, sich seiner Angst zu stellen.

Wir machen immer wieder den Fehler zu glauben, das Leben sei unwandelbar. Wenn wir einmal einen Weg eingeschlagen haben, glauben wir, ihn auch bis zum Ende gehen zu müssen. Doch das Leben ist phantasievoller als wir und drängt uns zu Wendungen, Kehren und neuen Heldenreisen. Je mehr Veränderungen wir zulassen und je offener wir sind für Neues, Unbekanntes und Andersartiges, je mehr wir darüber nachdenken und dem nachspüren, was noch passt und was nicht mehr passt in unserem Leben, umso seltener müssen wir zu einer wirklich großen Heldenreise aufbrechen. Es tut jedem von uns einfach gut, Neues auszuprobieren und nicht gleich, ohne es je probiert zu haben, zu sagen: „Das ist nichts für mich!" Wenn ich daran denke, was ich mittlerweile alles esse, mache, aushalte oder in mein Leben integriert habe, von dem ich früher nichts wissen wollte oder wo ich sogar ganz sicher „gewusst" habe, dass ich das nie tun werde! Heute weiß ich bei manchem schon gar nicht mehr, warum ich das damals gesagt habe. Doch je sturer und starrköpfiger wir an unserer Lebensplanung und der momentanen Situation festhalten, um so schwerer wird der Aufbruch und der Weg werden, den wir dann zu gehen haben.

Mein Seelenführer hatte ursprünglich von mir den Eindruck: „Das ist ein Mann, der schon alles erreicht hat. Der hat alles Wesentliche schon hinter sich, da ist alles klar und wird sich nicht mehr viel tun." Ich selbst habe mich sogar öfters dabei ertappt zu denken „das oder jenes werde ich in meinem Leben halt nicht mehr erleben" – und das mit 38 Jahren und ohne dass dabei meine inneren Alarmglocken geläutet hätten! Bei jedem anderen hätte ich – nicht zuletzt aus der Erfahrung von vielen Stunden Männerseminaren und Beschäftigung mit den Archetypen – „Feuer!" geschrieen und sofort gewusst, dass da dringend eine Veränderung notwendig wäre. Doch bei sich selbst ist man leider meistens blind – und so war es auch bei mir.

Die neuerliche Heldenreise

Aber vor drei Jahren bin ich neuerlich zur Reise aufgebrochen, natürlich ohne es zu wollen – zumindest anfangs. Ich hatte plötzlich erkannt, dass meine Ehe danieder lag, dass wir nebeneinander her lebten und dass wir schon seit längerer Zeit nur mehr Freunde waren. Das war mir aber nicht bewusst geworden, bzw. ich wollte es nicht wahrhaben. Daraufhin habe ich mich auf den Weg gemacht, angezogen von der Vision einer Art von Beziehung, die ich erfahren durfte. Ich bin durch tiefste Täler und Schluchten gestolpert, wurde an meine äußersten Grenzen geführt und war zweimal schon so weit, alles aufzugeben. Doch das Feuer des Wilden Mannes war stärker. Ich musste mit ansehen, wie nahezu alles, was mein altes Königreich ausgemacht hat, was mir wichtig und wertvoll war, zu Brüche ging. Ich musste um mich kämpfen mit allem, was mir zur Verfügung stand und hatte Gott sei Dank fünf Freunde als Magier zur Seite. Ich habe geliebt und gelitten und grenzenlose positive Liebhaber-Energie erlebt – aber auch stark den Schatten meines Liebhabers kennen gelernt.

Heute spüre ich, dass die Reise sich vollendet, dass ich ankomme. Ich bin mittlerweile geschieden und meine Ex-Frau und ich sind Freunde geblieben. Ich habe viel über mich gelernt, weiß was ich will und auch was ich nicht will, was mir wirklich wertvoll ist und was nicht. Es geht in jeder Hinsicht aufwärts, sogar stark bergauf, und doch bin ich auch zur Ruhe gekommen. Mein inneres Königreich beginnt wieder zu strahlen, hat sich verändert, ist größer geworden und hat neue Grenzen.

Das Ziel der Reise

Zum Glück muss man selten im Leben zu einer derart großen Heldenreise aufbrechen. Doch es passiert immer wieder, dass man in einzelnen Teilbereichen des Lebens – sei es in der Arbeit, in der Beziehung oder bei einer neuen Aufgabe, die wir im privaten Bereich übernehmen – zu unserer Heldenreise aufbrechen müssen. Oft können wir nicht einmal entscheiden, ob wir es wollen oder nicht. Je früher wir das erkennen, je eher wir losziehen, um so leichter wird der Weg.

Wenn wir auf unsere innere Stimme hören, auf den Instinkt und auf unseren inneren Magier, aber auch auf unseren Körper achten, können wir erkennen, wann es an der Zeit ist, sich für eine neuerliche Heldenreise zu rüsten. Wir spüren, wann es Zeit ist, aufzubrechen und Abschied zu nehmen von überkommenen Verhaltensweisen, von ängstlichen Ansichten und überalterten Wertvorstellungen. Wir kennen die Zeichen, die andeuten, dass eine Veränderung ansteht, und wissen, wann der Zeitpunkt des Todes für etwas in unserem Dasein gekommen ist. Oft stellen wir uns dumm und wollen es nicht wahr haben. Aber tief in uns wissen wir es ganz genau. Und wir wissen auch, dass es gar keinen Sinn hat, auszuweichen, denn von selbst geht die anstehende Veränderung nicht weg. Wenn Du Deinen Kühlschrank öffnest und Dir kommt ein übler Geruch entgegen, machst Du ihn dann wieder zu, in der Hoffnung, dass das, was da drin vor sich hin fault, von selbst wieder besser wird oder verschwindet? Ist das schon jemals passiert? Nein, denn Warten macht alles nur schlimmer! Das faulige Ding steckt dann auch alle anderen Lebensmittel in Deinem Kühlschrank an. Schließlich hast Du gar nichts mehr zu essen und noch mehr Arbeit, bis Du den Kühlschrank wieder benutzen kannst.

Wenn Du also von irgendwoher in Deinem Leben einen faulen, modrigen Geruch vernimmst, dann nimm die Witterung auf und folge der Fährte. Suche die Ursache, nimm all Deinen Mut zusammen und schau besonders genau dort hin, wo Du nicht hinschauen willst. In den meisten Fällen liegt genau dort die Wurzel des Übels! Wenn Du dann erkennst, dass Du aufbrechen musst, sei kein Vogel Strauss und steck den Kopf in den Sand! Das hat diesem Tier noch nie etwas genützt und wird auch Dir nicht helfen! Rüste Dich für die Reise, öle Deine Waffen, versichere Dich des Beistands Deines Magiers, lass Dich von Deinem Liebhaber begleiten und mache Dich auf den Weg – die Kraft des Wilden Mannes wird mit Dir sein. Wenn Du durch finstere Täler und tiefe Schluchten gehen musst, dann lass Dich vom Beispiel der Natur beruhigen: auf jeden Winter folgt ein Frühling. Auf *jeden* Winter. Immer.

18. Die inneren Schätze bergen

Wenn Du Dich auf Deine Heldenreise begibst, so wirst Du auf diesem Weg viel von Dir kennen lernen. Du wirst viel entdecken und erleben und eine Ahnung von dem erhalten, was Dich ausmacht, was alles in Dir steckt und zum Leben erweckt werden will.

Damit es Dir nicht so geht, wie dem katholischen Theologen Karl Rahner (1904-1984), der gesagt hat: „Traurig blickt der, der ich bin, auf den, der ich sein könnte", gilt es, Deine inneren Schätze ans Licht zu bringen. Hole sie aus ihrem Versteck hervor, staube sie ab und poliere sie, so kannst Du aus manchem Rohdiamanten einen wunderschönen Edelstein schleifen!

Doch Du musst gar nicht bis zu Deiner nächsten großen Heldenreise warten. Du hast jetzt schon, alleine durch die Beschäftigung mit den Archetypen und dem Wilden Mann, viel von dem entdeckt, was vergraben war und bisher verborgen in Dir geschlummert hat. Du kannst Dich also jetzt bereits in Deine inneren Schatzkammern begeben und die geborgenen Diamanten und Goldstücke hervorholen. Mache sie Dir bewusst und denke darüber nach, was Du mit ihnen anfangen willst.

Viele Schätze werden Dir bereits begegnet sein auf Deiner Reise durch Dein Ich – Gedanken, Gefühle, Empfindungen, Talente, die in Dir schlummern. Schau sie Dir an, nimm sie her und putze sie, bis sie glänzen! Probiere sie spielerisch aus!

Das Ziel der Reise

Deine Kreativität, Deine Spontaneität, Deine Zielstrebigkeit, Deine Gelassenheit, Deine Freude, Deine Leidenschaft, Deine Wissbegierde, Deine Weisheit – sie alle haben neue Wurzeln und neue Nahrung bekommen. Spüre ihnen nach: Wo bereichern sie Dich? Was davon möchtest Du behalten und was nicht?

Welche Talente sind in Dir verborgen? Du wirst es nicht wissen, wenn Du Deine Schätze nicht birgst, wenn Du sie nicht ausprobierst! Vielleicht willst Du Gedichte schreiben oder eine Geschichte, einen Artikel oder ein Buch? Oder zeichnen, malen, singen, tanzen, ein Instrument spielen oder Theater oder anderweitig künstlerisch tätig sein?

Vielleicht reizt Dich ein Kunsthandwerk? Schnitzen, Modellieren, Bildhauern oder Schmuck erzeugen? Vielleicht kannst Du auch besonders gut Zusammenhänge erklären, in Bildern sprechen, mit Humor Weisheiten weitergeben und möchtest dies in der Erwachsenenbildung anwenden? Die brachliegenden Teile in Dir warten nur darauf, dass Du kommst und den Samen säst, die Frucht wachsen und reifen lässt und erntest!

Was erlebst Du neu durch Deine Sinne? Was spürst Du, riechst Du, siehst Du, schmeckst Du, hörst Du anders als früher? Welches Deiner Sinnesorgane schenkt Dir am meisten Freude? Welches am wenigsten – und wie kannst Du es fördern? Wie gut gehst Du mit Deinem Körper um? Wie kannst Du auch ihm gebührenden Respekt erweisen (schließlich ist er das wunderbare Haus, in dem Du in diesem Leben wohnst)?

Vielleicht möchtest Du Dich sportlich betätigen, mehr auf Deine Ernährung achten, öfter ausruhen und seltener Gift in Form von Alkohol oder Nikotin zu Dir nehmen? Oder Du lässt Dich hin und wieder massieren, gehst in ein Thermalbad und genießt die Freuden des warmen, schwefelhaltigen Wassers in Abwechslung mit der trokkenen Hitze einer Sauna und der kühlen, frischen Luft im Freien? Poliere Deine Schätze immer wieder neu, indem Du Dir über Deinen Körper Gutes tust und indem Du Deine Sinne belebst.

Welche Gedanken sind in Dir aufgestiegen, was sind Deine Wünsche und Träume, wohin ziehen Dich Deine Sehnsüchte? Welche Bilder malen Deine Visionen? Gerade diese sind besonders wertvoll in Deinem Leben! Sie treiben Dich voran und lassen Dich nicht starr und leblos werden. Sie geben Dir Kraft und Energie!

Denk darüber nach, wo Du heute bist und wo Du morgen sein willst. Was willst Du noch erreichen und erleben? Auf was willst Du zurückblicken können, wenn Du alt bist? Setze Dir große Ziele und glaube daran, dass Du sie erreichen wirst, Du hast das Zeug dazu in Dir!

Welche Gefühle waren tief in Dir verborgen? Wie hast Du sie kennen gelernt? Welche davon sind Dir angenehm, welche nicht? Sei auch den weniger angenehmen dankbar, denn sie alle haben Dir viel zu lehren und zu erzählen über Dich selbst. Spüre ihnen nach! Lass sie zu und unterdrücke keines, denn jedes Gefühl ist wertvoll, auch die sogenannten negativen Gefühle, wenn Du

Dich nicht von ihnen übermannen lässt. Schau sie Dir an: Welche Farbe haben sie und welchen Geschmack?

Welche Verhaltensmuster hast Du als alt, überkommen und einengend erkannt und bist dabei, sie loszulassen? Freue Dich über sie, denn einst waren sie Dir sicher hilfreich und nun, da Du sie loslassen kannst, geben sie Energie frei für anderes!

Wo hast Du Dich befreit von verstaubten Zwängen, wo von ungerechtfertigten Ansprüchen? Welche neuen Wege haben sich aufgetan? Wo kannst Du wieder agieren, wo Du bisher nur mehr reagiert hast? Welches Verhalten hast Du neu in Dein Repertoire aufnehmen können?

Schreibe all das auf, um es Dir zu bewahren und auch später als Deine Schätze in Erinnerung rufen zu können — gerade dann, wenn Dir der Trubel des Alltags den Kontakt zu ihnen zu entreißen droht.

Und nun, da Du viele neue Schätze gesammelt hast, schau Dir Deine alten Spielsachen an, die Du angehäuft hast. Ein weiser Spruch sagt „Je älter ein Mann, desto größer und teurer seine Spielsachen". Das ist an sich nicht schlecht, wenn diese Spielsachen wirklich Spaß machen.

Überdenke die Deinen: Welches Spielzeug bereitet Dir wirklich Freude? Welches steht dagegen bloß stellvertretend für eine andere Sehnsucht, die Du jetzt spürst, sodass das Spielzeug seinen Sinn verloren hat?

Nimm nichts als selbstverständlich, doch erfreue Dich an allem! Sei bereit, all das auch zu geben, was Du Dir von anderen wünschst. Öffne Dein Herz und lebe daraus. Alles, worauf Du Lust hast und was Dir Spaß macht, ist ein Schatz für Dein Leben – so es nicht ungerechtfertigt auf Kosten anderer geht.

Alles, was Dich bereichert, Deinen Horizont erweitert, Deine Grenzen ausdehnt, ist wertvoll. Alles, was Dir Kraft und Energie gibt, was Dein Feuer nährt und es heller brennen lässt, alles, was Glanz in Deine Augen bringt, ist wichtig für Dich. All das bewahre Dir!

19. Aufbruch zum Mann

Du hast nun viel gelesen und viel nachgedacht, vieles hinterfragt und vielem nachgespürt. Du hast Deine inneren Energien erkannt, einen Zugang zu ihnen gefunden und Kontakt mit ihnen aufgenommen. Du hast den Wilden Mann in Dir gespürt, Deine inneren Schätze gesucht und Deine Heldenreisen betrachtet. All das war erst der Anfang. Jetzt beginnt der eigentliche Weg, auf dem Du Dich bewähren musst – Dein Alltag.

Wenn Du nun aufbrichst, gibt es einiges zu beachten, damit Deine Reise nicht gleich wieder eine Kehrtwendung zum Ausgangspunkt macht und schneller zu Ende ist, als sie begonnen hat:

All das, was Du gehört, erkannt, erspürt hast, ist noch relativ neu für Dich und muss erst vertieft werden. Deswegen ist es besonders wichtig, Deine Schätze nicht gleich jedem Preis zu geben. Es gibt so viele Männer, die sich über jeden lustig machen, der ihnen etwas von seinen Rohdiamanten und brach liegenden Talenten erzählt, und damit den Mut und die Zuversicht nehmen. Das, was Du für Dich aus diesem Buch mitgenommen hast, ist noch eine sehr junge Pflanze mit wenigen, schwachen Wurzeln. Sie wird noch keinem stärkeren Wind standhalten können, also behüte und beschütze sie! Gib ihr Zeit zum Wachsen. Später, wenn ihre Wurzeln tiefer und fester geworden sind, wenn aus der zarten Pflanze ein Baum geworden ist, wird sie jedem Sturm trotzen – doch anfangs musst Du gut darauf achten, wem Du sie zeigst und wem nicht.

Achte darauf, womit Du Dich umgibst, was Du liest, welche Sendungen Du Dir anschaust und woher Du Deine Informationen beziehst. Der Herausgeber des Wirtschaftsmagazins *Trend*, Helmut Gansterer, hat einmal gesagt: „Wir Menschen sind wie ein Behälter mit offenem Deckel, in den wir unsere Informationen hinein werfen. Wenn wir Mist hinein werfen, werden wir zu einer Mülltonne, doch wenn wir nur das Beste hineintun, dann werden wir zu einer Schatzkiste."

Es ist sehr hilfreich, wenn man den Weg zum Wilden Mann nicht alleine geht, sondern mit anderen Männern. Suche Dir Männer, die sich mit Dir auf den Weg machen. Suche Begleiter auf Deinem Heldenweg, Freunde, die Dich nicht übertrumpfen oder am Aufbruch hindern wollen, sondern treu mit Dir gehen. Männer, die wissen, dass sie ihren eigenen Heldenweg haben, auf dem wiederum Du sie begleitest. Männer, mit denen Du über alles reden kannst, denen Du Dich öffnen kannst, denen Du Dich so zeigen kannst, wie Du bist. Ich bin in der glücklichen Lage, fünf Freunde zu haben, die mich seit vielen Jahren solcherart begleiten.

Wenn sich die Männer, die Du kennst, nicht als Begleiter auf Deinem Heldenweg eignen, so kannst Du vielleicht eine Männerrunde finden oder Männerseminare besuchen, in denen Du Dich mit Gleichgesinnten austauschen kannst. Es gibt Gott sei Dank immer mehr Angebot in dieser Richtung. Auf meiner Homepage *www.maennerseminare.at* findest Du die Seminare, die ich anbiete, aber auch Verweise zu anderen Veranstaltern wie Bildungshäuser, Volkshochschulen oder Männerbüros. Wenn Du Fragen zu den Veranstaltungen oder zu diesem Buch hast oder wenn Du mir Feedback oder Anregungen dazu geben möchtest, so schicke mir doch einfach ein E-Mail *(m.twrznik@maennerseminare.at)*.

Schau von Zeit zu Zeit, ob Du noch auf dem Weg bist, oder ob alles schon in Deiner Erinnerung verblasst ist. Ruf Dir Deine Erkenntnisse wieder ins Gedächtnis. Steige neuerlich in Deine innere Schatzkammer hinab und pflege Deine Diamanten und Goldstücke. Nimm Dir die Zeit zu Besuchen bei den Archetypen. Schau in den Spiegel und in Deine Augen, ob Du noch den Glanz und das Feuer des Wilden Mannes darin siehst. Wenn nicht, so frage Dich erneut, was Dein inneres Feuer am Lodern hindert. Und wenn es an der Zeit ist, dann brich frohen Mutes ein weiteres Mal zur Heldenreise auf.

Ich wünsche Dir, lieber Leser, das Feuer der Begeisterung, die Glut der Leidenschaft, die Gelassenheit der inneren Mitte und die Barmherzigkeit der Weisheit. Dein König möge machtvoll sein, Dein Krieger gebe Dir Kraft, Dein Magier schenke Dir Weisheit, Dein Liebhaber erfülle Dich mit Lebendigkeit und Liebe. Mögest Du die Schätze in Dir bewahren und verwirklichen. Mögest Du ein echter, authentischer Wilder Mann sein und eine ebenso starke, ungezähmte Wolfsfrau als Gefährtin an deiner Seite haben.

Weiterführende Literatur

Zu den Archetypen

Patrick M. Arnold: Männliche Spiritualität. Der Weg zur Stärke. München, Kösel, 1994

Robert Moore, Douglas Gillette: König, Krieger, Magier, Liebhaber. Die Stärken des Mannes. München, Kösel, 1992

Richard Rohr: Masken des Maskulinen. Neue Reden zur Männerbefreiung. München, Claudius, 1993

Zum Wilden Mann

Robert Bly: Eisenhans. Ein Buch über Männer. München, Knaur, 1993

Ton van der Kroon: Die Rückkehr des Löwen. Von Liebe. Lust und Herzenspower. Freiburg, Bauer, 1998

Richard Rohr: Der wilde Mann. Geistliche Reden zur Männerbefreiung. München, Claudius, 1986

Zur Wolfsfrau

Clarissa Pinkola Estés: Die Wolfsfrau. Die Kraft der weiblichen Urinstinkte. München, Heyne, 1993

Sylvia Brinto Perera: Der Weg zur Göttin der Tiefe. Die Erlösung der dunklen Schwester: eine Initiation für Frauen. Interlaken, Ansata, 1985

Zu Mann und Frau

John Gray: Männer sind anders. Frauen auch. Männer sind vom Mars. Frauen von der Venus. München, Goldmann, 1998

Allan & Barbara Pease: Warum Männer nicht zuhören und Frauen schlecht einparken. München, Ullstein, 2000

Zur Sexualität

Paul Joannides (Hrsg.): Wild Thing. Sex-Tipps for Boys and Girls. München, Goldmann, 1998

Deborah McKinlay: Sexxx. Die Wahrheit. München, Knaur, 1997

Zu einem bewussten Leben

Mathias Jung: Mut zum Ich. Lahnstein, emu, 1997

Anthony de Mello: Der springende Punkt. Wach werden und glücklich sein. Freiburg, Herder, 1991

Paul Watzlawick: Anleitung zum Unglücklichsein. München, Piper, 1983

Louise L. Hay: Gesundheit für Körper und Seele. München, Heyne, 1989

Bernard Benson: Der Weg ins Glück. Hamburg, Hoffmann und Campe, 1987

Zur Deutung von Märchen

Verena Kast: Wege aus Angst und Symbiose. München, dtv, 1987

Eugen Drewermann: Lieb Schwesterlein, laß mich herein. München, dtv, 1992

Eugen Drewermann: Rapunzel, Rapunzel, laß dein Haar herunter. München, dtv, 1992

Quellennachweis

Wenn die Triebe Trauer tragen

Godwin Lämmermann
**Wenn die Triebe
Trauer tragen**
Von der sexuellen Freiheit
eines Christenmenschen

272 S., Pbck., 14 x 21,5 cm
ISBN 3-532-62278-5

Christliche Freiheit meint, ein Neuanfang ist stets
möglich, wenn die Schuld der Vergangenheit benannt und
anerkannt wird. Deshalb werden die inhumanen und gewaltsamen Folgen einer Dämonisierung und Verteufelung
der menschlichen Lust in der Geschichte der
Kirchen schonungslos aufgezeigt. Das Christentum besitzt
aber auch andere Traditionen, die die Menschlichkeit der
Sexualität betonen und einer lebensfeindlichen religiösen
Überhöhung der Lust entgegentreten.
Die Wahrnehmung einer richtig verstandenen Freiheit weist
Wege zu einer befriedigenden humanen Sexualität.

www.claudius.de